# 时间用在哪里，成就就在哪里

李恺阳◎编著

中国纺织出版社有限公司

## 内 容 提 要

对于每个人而言，时间都是非常宝贵的。如果说这个世界上有绝对的公平，那就是时间对人的公平。人人都把珍惜生命挂在嘴边，却不知道时间是组成生命的材料。只有珍惜时间，争分夺秒地利用好每一分每一秒，才是真正珍惜生命。

本书从培养时间观念，形成珍惜时间的意识，养成珍惜时间的习惯，合理安排生活、工作与学习的角度出发，告诉人们既要懂得珍惜时间，又要学会合理利用时间，这样才能发挥时间的最大效用。

**图书在版编目（CIP）数据**

时间用在哪里，成就就在哪里 / 李恺阳编著 . —北京：中国纺织出版社有限公司，2020.9
ISBN 978-7-5180-7369-6

Ⅰ . ①时… Ⅱ . ①李… Ⅲ . ①时间—管理—通俗读物 Ⅳ . ① C935-49

中国版本图书馆 CIP 数据核字（2020）第 074978 号

责任编辑：闫 星 责任校对：王花妮 责任印制：储志伟

中国纺织出版社有限公司出版发行
地址：北京市朝阳区百子湾东里 A407 号楼 邮政编码：100124
销售电话：010 — 67004422 传真：010 — 87155801
http://www.c-textilep.com
中国纺织出版社天猫旗舰店
官方微博 http://weibo.com/2119887771
三河市宏盛印务有限公司印刷 各地新华书店经销
2020 年 9 月第 1 版第 1 次印刷
开本：880 × 1230 1/32 印张：7
字数：110 千字 定价：25.00 元

# 前言

对于每个人而言，拥有的时间都是公平的，既不会多一分，也不会少一分。那么，为何在同样的时光流逝中，有的人可以做出更多的成就，而有的人却始终碌碌无为，无所收获呢？这不是因为他们所拥有的时间不一样多，而是因为他们对待时间的态度不同，有人把一年当成一年来过，有人把一年当成365天来过，而有人则把一年当成8760小时来过。常言道，心若改变，世界也随之改变，当一个人对待时间的态度不同，他的人生也会截然不同。

生命短暂，每个人都要非常珍惜时间，才能让时间在生命的历程中熠熠闪光，发挥最大的效用。现实生活中，总有些人怨声载道，觉得自己被命运亏欠，没有得到更多的偏爱，为此和他人之间差距巨大，也导致内心沮丧失落。其实，真正的差距并不在外部世界，而在于我们对待时间的态度，和是否能够合理有效地安排时间。也有人说时间是最好的良药，既能帮助人们抚平伤口，又能帮助人们从失败中崛起。这些都是那些积极对待和利用时间的人才能实现的，如果总是在时间的流逝中懵懂着度过，则只会白白浪费时间，也导致人生渐行渐短而变得更加被动和无奈。

古今中外，无数伟大的人都获得了成就，收获了成功，他们或许有着不同的天赋和机遇，但是他们一定都有着共同点，那就是珍惜时间，善于利用时间。比如爱迪生一生之中进行了无数次实验；诺贝尔在实验室爆炸之后，马上把实验器材搬到远离市区的废弃船舶上继续进行实验；司马迁在遭受宫刑之后，虽然身处牢狱依然废寝忘食撰写《史记》……这些伟大人物的亲身经历和拼搏奋斗历史告诉我们，一个人只有真正地主宰和驾驭时间，才能成为生命的神！

虚度人生的人觉得时间多得用不完，为此他们总是肆意挥霍时间，丝毫不觉得时间珍贵；充实度过人生的人觉得时间是最宝贵的生命材料，他们争分夺秒，生怕浪费一分一秒的时间，为此他们始终都在与时间赛跑。我们想要拥有怎样的人生，就要制订怎样的人生计划和时间规划，这样才能按部就班利用好时间，也才能竭尽所能珍惜时间做出伟大的成就！

编著者

2020年1月

# 目录

# 第01章 你付出了很多，为什么没有收获

现实生活中，很多人都会感到困惑，他们明明付出了很多，但是却始终没有收获。不是说一分耕耘一份收获吗，为什么结果会这样呢？归根结底，是因为他们在付出的时候没有把握效率，为此导致很多付出都成为无用功。要想让付出有收获，有更高的效率，必须掌握合适的方式方法，利用好时间，才能事半功倍。

## 不可不知的八二定律

19世纪末20世纪初，意大利大名鼎鼎的经济学家巴瑞图提出了一个重要的理论。他认为，对于一个非常庞杂、规模宏大的事物而言，只有一小部分是核心部分，而其他绝大部分都没有那么重要。为此，人们把这个理论称为八二定律，认为多数都是琐碎的，只有少数才是重要的。后来，管理学家把这个定律延伸至日常生活中。在一家销售公司里，大概百分之二十的销售员出类拔萃，能够完成百分之八十的销售任务；大概百分之二十的参与会议者，能够提出百分之八十的会议意见。当然，除了百分之二十的员工承担着重要的责任，还有百分之二十的员工总是迟到，总是会缺席会议，总是业绩惨淡。总而言之，生活中有很多这样的事实作为例子，可以证明八二定律的确广泛存在。

那些每天都有很多的事情需要处理的人，他们总是手忙脚乱，不知道如何才能高效率地处理好所有的事情，为此总是不分主次，先做好少量事情，而使得其他的事情始终被拖延和耽误。实际上，根据八二定律的原理，他们只要抓住重点，做好重要的几件事情，就可以获得百分之八十的成功，就可以让原本杂乱无章的事情秩序井然，有更高的工作效率。换而言之，这就是用最少的时间和精力获得最大的成功和最多的利益，是不折不扣的利益最大化，是对时间的高效率利用。

自从晋升为公司的中层管理者之后，小丁每天都有很多的事情需要去做，总有手忙脚乱的感觉。眼看着原本秩序井然的部门被他管理得一团糟糕，他自己也很郁闷，不知道要如何去做才能提升工作的效率。看着办公桌上工作堆积如山，部门的销售业绩却总是下滑，小丁心急如焚。后来，他灵机一动，去请教其他部门的管理者。当然，并不是每个人都愿意把自己的工作心得说出来，毕竟大家都是竞争关系。为此，小丁多次诚心向一个部门管理者请教，终于取得真经。

这位管理者推心置腹地对小丁说："小丁，你现在是管理者了，不是普通员工，所以不必凡事都亲力亲为。要知道，员工只要把自己的每一项工作都做好，就能提升效率，有所收获。而作为管理者，不可能凭着自己的力量把整个部门的工作都做好，为此一定要分清楚轻重主次，有的放矢。抓重点，而把那些次要或者不重要的事情暂时搁置，或者分派给下属去做。只有这样，才能把好钢用在刀刃上，也只有这样，才能保证工作的效率，否则累死也没用。"小丁恍然大悟，对这位同仁说："真是听君一席话，胜读十年书啊。我最近真的觉得累坏了，都怀疑自己是否适合在管理岗位上工作了。"同仁笑着说："管理者最重要的是掌握技巧，会用人，这样才能把事情做到最好。等你摸索出门道就明白了。"

这位部门的领导说得很有道理，可见是在管理岗位上浸淫得久了，已经摸索出了门道，也总结出了经验和规律。的确如他所说，和单打独斗、事必躬亲相比，管理者更应该把事情整理出顺序，把有限的时间和精力用在最重要的事情上，获得百分之八十的成功，然后再对次要和不重要的事情进行合理安排，从而使得时间利用率最大化。

当然，要想实现这一点，前提是必须分清楚哪些事情是最重要的，哪些事情是不重要的，才能根据轻重主次合理安排时间和精力。如果把事情本身的重要性颠倒了，就会导致虽然付出了很多，却没有得到该有的结果，效率低下。为此，要想提升效率，就必须心中有数，胸有成竹，胜券在握。

## 目标明确，才能快速行动

古今中外，无数伟大的人都非常重视利用时间，他们争分夺秒地抓住时间，从而大大提升了生命质量。那些心怀天下，有远大梦想的人，更要利用好时间，让自己驾驭时间，实现人生腾飞。

在这个世界上，如果说有真正的公平，那就是时间。时间对于每个人都是公平的，每个人一年都有365天，每天都有24小时，每个小时都有60分钟，每分钟都有60秒。时间从来不会偏袒任何人，也不会为任何人而变得更快或者更慢一些，更不会停留。人的时间和精力都是有限的，面对学习、生活和工作中各种繁杂的事物，如果不能整理出先后顺序，分清楚轻重主次，就一定会因为各种琐碎事物和突发情况而感到手足无措。

在职场上，很多人都会有这样的感触，即每天工作都忙忙碌碌，一会儿接打电话，一会儿帮助领导复印资料，一会儿又要给到访的客户端茶倒水。结果一天的时间很快就过去了，而等到下班的时候回顾一天的工作，却发现自己根本没做什么重要的事情，也没有任何可以拿得出手的成果，这是为什么呢？不得不说，在工作过程中有很多事情都是需要当即解决的，尤其是作为最基层的员工，总是会被领导临时安排额外的工作，为此耽误了原本要做的事情，使得时间的利用率极其低下。对于没有下属可以支配的基层工作人员来说，这是非常糟糕的人生体验，也是很让人感到无奈的。那么，在事务繁杂且经常有临时任务需要处理的情况下，如何才能高效率完成工作呢？

一定要目标明确。明确的目标是指导人们展开行动的导航灯，在目标的指引下，人们才能有的放矢去做好很多事情。俗话说，一年之计在于春，一日之计在于晨。一天之中，人们要做好很多事情，那么优先要做的事情，一定既是重要的事情，又是迫在眉睫的事情。为此，要把这样的事情列为目标，这样才能集中所有的时间和精力当即将其做好。否则，如果因为琐碎的事情把时间变得零碎，则要想完成最大的目标就会很困难。也就是说，在一天之中先把目标事务做好，这样至少保证了一天的时间不会虚度，也至少保证了一天的充实。这很重要。职场上，很多人觉得重要紧急的事务需要花费很长时间才能完成，为此喜欢先花少量的时间完成那些琐碎的事情，结果导致时间变得零碎，也使得一天一事无成。一定要坚持正确的顺序，才能让事情有条不紊进行下去，也才能让时间利用得充实且有意义。

有一次，卡耐基的一个朋友去拜访他，来到他的办公室，看到他的办公桌上干净整洁，就像新买来的一样，只摆放着几件精美的艺术品，朋友感到很困惑："卡耐基先生，你没有工作需要处理吗？"卡耐基回答："我已经做好工作了呀！"朋友更纳闷了："但是现在才刚刚过了中午，难道你就把所有工作都做完了吗？总有些工作还没有完成吧！"卡耐基说："我已经把所有工作都处理完了。当然，这不是因为我的工作很少，而正是因为我知道工作很多，所以不能任由工作堆积如山，为此我早晨早早来到办公室，把事情根据轻重缓急列好顺序，然后按照顺序一件一件地完成。这样一来，事情虽然多，也可以很快处理完。"

朋友由衷地对卡耐基竖起大拇指，说："这可真是个好办法，值得我们学习。"回到自己的办公室，朋友也和卡耐基一样把各种事情处理好，渐渐地，他的办公室也告别了杂乱，变得清爽起来。

卡耐基说得很对，即使事情再多，也不要因为事情堆积如山就焦头烂额。只有把事情按照顺序整理好，然后一件一件地去做，才能提升效率，让事情完成得更快，更好。现实生活中，有太多的人都在抱怨时间不够用，要做的事情太多，为此总是每天都忙忙碌碌，却没有太大的收获。其实，每个人都要处理好很多事情，与其一味地抱怨，让事情与自己所想象的不一样，不如有的放矢调整好心态，这样反而可以按部就班把每一件事情做好，也可以让时间的利用率大大提升。

世界上，从未有一蹴而就的成功，唯有更加积极主动地做好该做的事情，才能让人生更加充满希望。很多职场人士每天都面对着堆积如山的文件和工作，更是要保持内心的淡定从容，分清主次才能真正把事情做好，也才能集中所有的精神和意志力，坚持做到最好。要知道，生活中重要的事情虽然很多，但是真正紧急的事情却不那么多。为此，只要先处理好重要且紧急的事情，就可以保障收获，接下来再去做重要但不紧急的事情，从而让自己更从容，对时间的安排也更宽裕。这才是最重要的，也是人生获得成功的秘诀之一。

## 如何才算充分利用时间

即使付出再多的时间，如果不讲究效率，也只能是白白浪费时间，而不能把时间用在刀刃上，只会让时间溜走，最终毫无收获。实际上，对于时间而言，最重要的就是充分利用，提高效率，这样才能让时间转化为各种实实在在的收获。当然，要想有效利用时间，就要对事情进行区分，这样才能确定工作的优先顺序。通常情况下，判断一件事情是否急需要做好，要根据事情的重要程度和紧急程度。

每个人的时间和精力都是有限的，要把有限的时间和精力花在最重要的事情上，才能获得更大的收获和更了不起的成功。否则，如果总是把时间用于做那些无关紧要的事情，则时间悄然流逝，但是却没有什么进步。不得不说，生活总是非常复杂的，每个人要想应付生活并不简单容易。在面对生活的时候，人人都会产生各种各样的情绪，也会受到形形色色的干扰。要想完全避免这些干扰，或者希望环境变得完全符合自己的要求，根本不可能。为此，对于一个人而言，必须具备排除干扰的能力，也要具备理性选择的果断和魄力。人生之中，有些事情该做，有些事情不该做，有的事情可以做成，有的事情却只是心有余而力不足，要学会放弃。只有能够从容地在时间的缝隙里游走，也最大限度把握时间，我们才能真正驾驭时间，也才能付出所有的青春年华为了实现梦想、缔造精彩人生而努力奋斗。

作为一个职场人士，要想让工作效率更高，就要学会制定工作计划，而且要在前一天下班之前或者次日刚刚上班的时候，就把工作计划敲定，这样才能在计划的指引下度过充实有效的一天。还需要注意的是，为了保证可持续性发展，一定不要总是如同拼命三郎一样工作，而忽略了合理的休息和放松。要知道，人是有血有肉有感情的，而不是冷冰冰的、可以连轴转的机器。每个人要想获得可持续性发展，就要摆正生活和工作的关系，就要知道工作的目的是为了更好地生活，而不是为了毁掉生活。现实的职场中，有很多人为了工作放弃陪伴家人，甚至有些“女强人”为了工作还放弃喂养孩子。有朝一日在工作上失意，这才发现自己为了工作付出了太多。当然，这不是要求我们对于工作不以为然，而是让我们理性对待工作，合理安排生活，这样才能面面俱到，拥有充实且精彩的人生。

在制定工作计划时，除了要制定短期工作计划外，还要制定中长期工作计划，这样才能对于未来很长一段时间都有的放矢，从不会因为工作积压就慌乱无助。当然，优先做紧急且重要的工作并非是一成不变的，而是可以根据实际的情况进行调整。例如在做重要且紧急的工作之前，有一项不那么重要但是却非常紧急的工作需要做，而且也不会占用太多的时间，如果不做就会引起严重的后果，那么就要先做这件事情，再去集中精神做重要且紧急的事情，这才是最为合理的安排。

计划虽然是人制定的，也需要很好地贯彻执行，但是并非是一成不变的，而是要根据实际情况进行合理的调整，从而争取对于时间的利用率最大化。对于每个人而言，效率都至关重要，如果没有效率，即使付出再多的时间也会一无所获。不管是在生活中还是在工作中，我们都要坚持效率优先的原则，从而把事情做得更好，事半功倍。

## 分清轻重缓急，合理分配时间

如果你想真正获得成功，拥有精彩辉煌的人生，你需要具备很多方面的有利因素和条件，而其中最为重要的一条就是，你必须成为时间的主人，主宰和驾驭时间，而不要总是被时间驱使着被动向前，总是仓皇失措，总是手足无措，这样一来，你必然被时间奴役。要想真正做到管理时间，就要珍惜每一分每一秒的时间，就要让时间发挥最大的效力，为我们的学习和生活服务，而不要总是让时间悄然流逝，再感到追悔莫及。

很多人都曾经看过小猴子丢了西瓜捡起芝麻的事情。难道小猴子很傻，不知道西瓜比芝麻更好吗？当然不是。只是因为他没有分清楚哪个更重要，误以为自己在将来还有机会捡比西瓜更好的，所以才会本末倒置。看到这个故事的时候，很多人都会嘲笑小猴子不分轻重主次，实际上，现实生活中，有很多人正在犯着和小猴子一样的错误，也总是拎不清，把事情弄得一团糟。

每当看到别人的人生从容不迫，对于每件事情都能做到最好，我们常常会感到困惑，也觉得很无奈：为何我们的人生就这么杂乱无章且让人无暇应对呢？实际上，你与秩序井然之间只差着顺序。当你能够把各种事情都分清楚轻重主次，也能够把最宝贵的时间用在最重要的事情上时，你会发现自己的生活一下子变得清净起来，而且内心也会感到非常安稳，觉得自己的现状并不那么糟糕，甚至还可以变得更好。古今中外，很多有所成就的人都是善于利用时间的人，他们惜时如金，从来不浪费任何时间，为此他们才能驾驭人生，获得伟大的成就。

微软帝国的缔造者比尔·盖茨就是一个很善于利用时间的人，前提是他能够快速区分清楚事情的轻重主次，总是先做最重要的事情，再做次要的事情，最后有时间的情况下，再完成不重要的事情。这样一来，盖茨从未出现过疏漏重要事情的情况，也从未因此而导致工作上出现纰漏。而且，盖茨还是一个善于打破常规的人，他不会被那些迂腐陈旧的规定束缚住手脚，而在处理问题的时候表现出果断的魄力和坚定不移的决心。大多数人之所以被时间追赶着向前，就是因为他们习惯性地先做好急迫的事情，而忽略了事情的重要程度。为此，他们无法提升时间的利用率，也不可能把学习、工作都做到最好。

从时间管理的角度而言，要想最大化利用时间，提高时间的效率，就一定要分清楚轻重主次，也要理智地设定事情的先后顺序。这样一来，在最短的时间里保证完成最重要的事情，就能够保证时间具有一定价值。盖茨认为，那些有所成就的人都是因为把时间变成了生产力，即让时间产生最大效力。这样，他们才能在有限的时间里做好最重要的事情，也才能在时间紧迫的情况下，把每一件重要的事情都做到最好。

遗憾的是，现实生活中有很多人都不知道自己必须做好哪些事情，也就不知道自己的核心需求是什么。对于不需要亲自去做的事情，他们事必躬亲，为此浪费了大量的时间，不能成为优秀的管理者。对于不是必须做的事情，他们花费了大量时间去做，导致根本没有时间去做重要的事情，使得事情的发展出乎他们的预料，也使得结果变得不可控。除了要知道自己必须做什么之外，还要知道做什么才能效力最大化。在一切必须做的事情之中，还要优先保证那些最具生产力的事情得以完美完成。人们不管做什么事情都是为了追求最大回报，为此要做自己能够得到最大回报的事情，这样才能产生强大的生产力。

现实的职场上，有很多年轻人都喜欢加班，他们到了下班时间不会离开，而是继续在办公室里完成工作。按照传统的管理思想来看，这样主动加班的员工是非常勤劳的，而在如今先进的管理思想之下，这样的员工可能恰恰是不懂得利用时间的人，而且工作的效率很低下。与其把原本只需要八小时就能完成的工作拖延到十个小时，不如集中精力、全力以赴在八小时之内完成，而用两个小时更好地休息和放松，这样次日工作的时候效率才会更高，回报才会更大。为此，真正明智的管理者不会要求员工加班，而是希望员工能够合理安排好时间，实现可持续性发展。

除了重要、紧急的事情之外，生活和工作中还常常会出现一些突发情况。这些突发情况往往很紧急，需要马上处理。从这个角度来考虑，在做安排的时候，不要把时间安排得严丝合缝，而是要在时间的板块之间留出一定的弹性时间，这样才能去处理好突发事件。总而言之，很多事情并不会完全按照我们的计划去发生和进展，为此我们固然要做好计划，却也要做好随机应变的准备。

人生之中，有很多人都会感到迷惘和困惑，就是因为他们没有成为时间的主人，更没有合理利用好时间。那么从现在开始，就让我们驾驭时间，让时间为我们所用，也为我们的人生增光添彩吧！

## 重要时刻就要做最重要的事情

每个人一生之中有三分之一的时间在睡觉，去掉吃饭、休息、娱乐等时间，可以用来工作的时间也就只剩下八到十个小时，也就是我们平日里所说的工作时间。然而，这八到十小时并非都是可以高效利用的时间。通常情况下，人在上午的时间段里往往精力充沛，所以很多人都把工作和学习等重要的任务安排在上午进行。中午以及午后的一段时间里，人会感到困倦，也因为吃饱了午饭而昏昏欲睡。直到下午三点之后，精力才会渐渐恢复，也使得做事情的效率得以提升。为此，要想把重要的事情完成更好，就要了解人体在每个时间段的表现，这样才能把最好的时间段用于做最重要的事情，也才能让人生获得腾飞和发展。

对于体力劳动者和脑力劳动者而言，一天中不同的时段中，工作效率也会有很大的区别。许多作家都有自己喜欢的工作时间，有的作家从清晨开始写作，有的作家直到深夜才能静下心来写作，很少有人在一天的时间里都能精神抖擞地从事创作活动。和脑力工作者相比，体力劳动者的精力差别则显得没有那么悬殊。大多数体力劳动者在工作时间内都在工作，只是片刻休息以恢复体力而已。

通常情况下，每个人每天上班之后上午的几个小时，是黄金时段。在这个时间里，他们经过了一夜的睡眠和早晨优质早餐补充能量，精力充沛，头脑清醒，整个人神采奕奕，能量满满。遗憾的是，很多人都不知道这是一天之中的黄金时段，尤其是一些基层员工，往往会用整个上午的时间来处理各种突发的事件，完成那些很简单但是却无关紧要的工作，只因为他们不想一到达单位就让自己如同陀螺一样旋转起来。他们习惯于把重要的工作延后，等到吃完午饭、午休之后再进行。殊不知，中午是一天之中人们最容易困倦的时刻。在这个时间段里做重要的事情，很容易犯错误，也会导致结果不尽如人意。为此，明智的人会选择在午后时分完成那些无关紧要的工作，而不会一味地拖延工作，更不会把重要的工作留在昏昏欲睡的时刻去做。

不管是要学习，还是要工作，都应该把最重要的一两件事情放在上午的黄金时段去完成，这样一来就保证了一天的收获，而把其他工作留到不那么精神抖擞的时刻去做。还需要注意的是，很多人学习和工作的时候都容易受到外部的干扰，为此如果身为领导，要在上午做重要的事情，那就安排下属避开上午的时间来汇报工作，从而避免受到打扰。如果是普通的职员要在上午做重要的工作，那么其他不紧急的工作，就可以适当安排延后。总而言之，只有集中所有的精神和注意力，才能更提升工作的效率。

当然，不是每个人的工作都需要争分夺秒地去完成，在现实生活中，有些人的工作时间弹性相对较大，那么在制定时间计划的时候就可以规划大的板块。然而需要注意的是，切勿因为工作时间弹性大就不制定计划，否则你会发现哪怕是上午有三到四个小时的黄金时间可以好好利用，也总是会因为几件小事情突如其来地发生，就导致整个时间变得非常零碎，甚至失去利用的价值。为此，一定要合理安排，而不要因为各种事情的打扰就荒废一整天的时间。

只有保证每天之中百分之八十的时间都得到了有效利用，用以完成了百分之二十重要的事情，才能保证一天的充实紧张和有序。在优先做好充实且重要的几件事情之后，就可以把其他的时间用来做一些不重要的事情，也可以用于处理那些突发事件，或者与一位突然到访的客户进行沟通，这些都是很不错的安排。周密合理的时间计划会让我们原本不够用的时间变得宽松起来，甚至会让我们有更多的时间可以自由支配，这种感觉比起被时间追赶着要好得多。除了正式的工作之外，我们总是想要找机会提升自己，或者熟悉和了解其他部门的工作，或者做自己感兴趣的事情，那么这些富裕出来的时间就会变成财富，给予我们的人生更大的创造性和更多的可能性。

# 第02章 学习时间管理法，试着把时间利用到极致

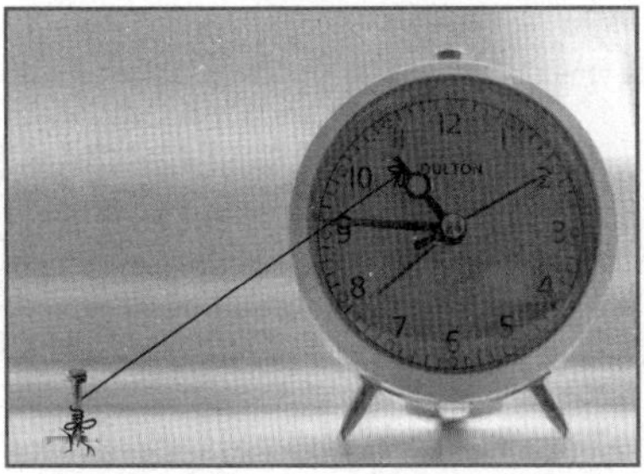

要想管理好时间，只凭着珍惜时间是远远不够的，必须从根本上管理好时间，才能把时间利用到极致，也才能让每一分每一秒都创造最大的效力和价值。现实生活中，很多人觉得有钱就是富有，也有人追求名利权势，却不知道对于每一个人而言，真正的富有是拥有时间，是拥有青春年华。作为年轻人，再也不要以年轻作为资本去肆意挥霍时间，而是要更加重视时间，从现在开始就形成时间意识，真正做到管理和规划时间，才能在生命的历程中绽放光彩。

## 管理好时间，成功指日可待

一个是二十几岁的年轻人，一个是白发苍苍的老翁，把他们放在一起比较，谁的希望更多，谁的人生可能性更多？毫无疑问，当然是前者。比起年轻人，老翁也许有更加丰富的人生经验，也会有更多的资源，但是他最缺乏的就是时间。作为年轻人，也许在资本和经验方面有所匮乏，但是却有更多的时间去闯荡和尝试。为此，随着不断地历练，只要能把时间用得恰到好处，没有浪费，一切就会得到最好的回报。

自古以来，有很多俗语都是关于珍惜时间的，很多名家也都倡导人们要珍惜时间。诸如，一寸光阴一寸金，寸金难买寸光阴；明日复明日，明日何其多，我生待明日，万事成蹉跎；少壮不努力，老大徒伤悲……这些话都在劝说人们一定要把珍惜时间放在首位，这样才能真正把握住生命的脉搏，也才能让人生变得可以掌握和操控。

一个人要想在生命历程中抓住更多的机会，要想在事业发展的道路上有所成就，不断突破和创造新的人生，就要学会管理时间。只有充分利用时间，才能让事业更加前进和发展，也只有成为时间的主宰者，人生才会从容不迫，充满乐趣。微软帝国的创造者比尔·盖茨就很懂得珍惜时间的道理，他总是劝谏身边的朋友要珍惜时间，才能与时俱进，才能驾驭人生。遗憾的是，现实生活中有太多人高喊着“年轻就是资本”肆意挥霍时间，导致自己在时间的长河中起起伏伏，不停地挣扎，最终却两手空空，毫无所获。

要想管理时间，就要在做很多事情之前都有规划。诸如想要开车去一个陌生的地方，与其误打误撞，不如先查阅地图，规划路线，设定好导航，这样一来可以做到专心开车，也避免了因为走错路导致迂回曲折，是珍惜时间的好方式。有些人就是不信，非要去闯荡，结果只是节省了十分钟看地图、设计路线的时间，却导致走错了路，消耗了更多汽油不说，还浪费了几个小时的时间。不仅探路如此，生活中做很多事情都要这样未雨绸缪，才能把事情做到最好，也才能让时间得以最大利用。古人云，“凡事预则立，不预则废”，说的也是这个道理。

所谓“预”，包括制定计划，确定目标。很多远期的目标都不可能当即实现，那么就要把远期目标进行分解，这样才能把远期目标分为中期目标和短期目标，从而努力实现。一个人要想成为作家，至少要有几年到几十年时间笔不辍耕；一个人要想当销售冠军，那么就要在很长时间内坚持给客户打电话，与客户联络和沟通感情；一个人要想成为优秀的管理者，必须让自己多多读书，看更多的管理书籍，坚持学习，也要结合实践，才能把管理工作做得更好……总而言之，没有人能随随便便成功，每个人都要更加勤奋努力，才能在成长的过程中做得更好，也才能在人生的道路上坚持进取。记住，人生从来没有回头路可走，要想获得成功，就必须付出坚持和努力。

在职场上，很多人每天忙忙碌碌，根本不知道自己在做什么，最终虽然忙得脚不沾地，却没有任何收获，对于自己也不能交代。不得不说，这样的人生是很迷惘的，也没有方向可言，为此根本不可能实现目标。实际上，越是手忙脚乱，工作越是会忙中出错，只有制定计划，让一切事情都有条不紊向前发展，才能让人生有更大的成长和进步。还需要小心防范的是，有的时候明明已经计划好一切，却发现很多事情并非会像我们所预期那样去发展，而往往节外生枝，导致事情变得不可控。一旦缺乏定力，很容易被这样突如其来的状况打乱计划，也会导致各种事情都变得不可预期。最终，颓废的人们怀着走一步看一步的想法，把计划完全抛之脑后，使人生成了随机的产物。不得不说这是对人生不负责任的态度，必然导致人生陷入更大的困境之中。任何时候，我们都要把握好时间，才能推动计划向前发展，也要把握好未来，才能让人生有希望。

## 不要让黑洞吞噬了生命

众所周知，宇宙里是有黑洞的，所以有些物质会被黑洞吞噬，杳无踪迹。不仅宇宙之中有黑洞，生活中也有黑洞，这就是时间的黑洞。最可怕的是，很多人都在不知不觉中陷入时间的黑洞中，不知道挣脱和逃避，最终迷失在时间的荒原上，感到迷惘和困惑。

很多人在面对人生的时候，常常会觉得无奈，这是因为他们常常缺乏合理规划，总觉得时间不够用。他们看似争分夺秒，实际上却把时间都浪费掉了。他们掉入了时间的黑洞中，才会变得这么无奈，也才会成为时间的奴役，被时间追赶着向前。

春节假期结束，大家都开始上班了，不得不早起。娜娜才上了一天班，就困倦不已，计划着从今天晚上开始一定要早点睡觉，省得白天哈欠连天。然而，到了晚上，娜娜洗漱完躺在温暖的被窝里，看到才九点多钟，就拿起手机看起来。看着看着，等到她觉得眼睛酸痛想要关掉手机睡觉的时候，这才发现已经一个多小时过去，时间已经是深夜十一点。娜娜后悔不已："哎呀，就不应该看手机，明明可以早点睡觉的，这下子明天早晨起床又要哈欠连天了！"次日，娜娜果然险些迟到，凭着毅力才勉强起床，奔向公交车站。

又是晚上，娜娜原本还想看手机，想起头一天晚上的样子，便捧起了一本书。看了半个小时书，她脖子不酸，眼睛不疼，合上书本睡了一个香甜的觉。娜娜下定决心要戒掉躺在床上看手机的坏习惯，否则就只能接受每天顶着黑眼圈上班。

现代社会，患有手机依赖症的人越来越多。他们总是时不时地看看手机，或者摸一摸手机是否在口袋里，一旦发现手机不在身边，他们就会心慌意乱。不得不说，他们的手机依赖症还挺严重的。为此，朋友聚会、情侣约会都变成了各自看着各自的手机，人与人之间的关系变得更加冷漠，彼此之间的沟通也越少越少。如何才能改变这样的情况呢？要想更好把握时间，主宰生命，一定不要过分依赖手机，这样才能把时间用在更有意义的事情上，也才能让人生更加充实精彩。

陷入时间的黑洞，时间就会悄然流逝，人生也会变成一副空洞的驱壳。对于每个人而言，生命都是最宝贵的，都只有一次机会，只有珍惜生命，珍惜每一分每一秒的时间，才能真正驾驭人生，否则总是在与时间的博弈中迷失，就会渐渐地失去对于人生的主动权，变得非常被动和无奈。当然，充实度过人生的方式有很多，我们可以选择自己最喜欢的方式。有人喜欢旅游，行万里路；有人爱好读书，喜欢捧着一本书静静地与作者交流；也有人是个工作狂，喜欢用工作上的表现来体现自身的价值。只要有事情可以做，有希望去憧憬，一切就会不断地向前发展，获得长足的进步。对于人生而言，可怕的是停滞不前，但更可怕的是对于时间的流逝毫无觉察，而且压根不知道如何充分利用时间。明智的朋友们在与时间博弈和交锋的过程中，一定会更加占据主动，让自己的人生呈现出不一样的光彩。

# 采取逆向思维进行时间规划

很多人都喜欢规划人生，却不知道不管采取怎样的方式规划，实际上规划的都是时间，为此有人说，只有把握时间才能把握未来，也有人说，只有主宰时间才能驾驭人生，这些话都是非常有道理的。通常情况下，人们制订计划，都会在事情还没有发生的时候，就安排好每个时间段里应该做的。然而，渐渐地，他们发现这样很难，因为每次在规划好时间安排后，他们最想做的事情就是把计划抛之脑后，或者彻底打乱这些计划，任由时间流淌，随着自己的心意去做很多事情。这样一来，所谓的计划也就成了摆设，根本没有任何价值。

如何才能提升对于时间计划的执行力呢？很多人对此感到无奈，因为他们在时间的无情流淌面前总是无能为力，对于时间的残酷也总是缴械投降。其实，在还不具备时间掌控能力之前，不如先做好一件事情，那就是对时间进行记录。把自己每天每个时段做的事情都记载下来，就像记载金钱的去向一样，渐渐地，你会发现自我管理能力得到提升，也因为一切都记录在案，对时间的分配和使用会更加理性。由此可见，对于时间的记录也可以影响我们对于时间的安排和控制，这样逆向的方法说不定还会起到意想不到的效果呢！

艾米从单位辞职了，原本是编辑的她决定当一名自由撰稿人。她喜欢自由，最大的梦想就是让自己无拘无束。在成为自由人的第一天，艾米就制订了详细周密的工作计划，这时她已经从原公司接到了一个选题的写作任务，便紧锣密鼓地开始准备。

次日，也是艾米自由之后的第一个工作日。本来计划早晨七点半起床，这比起以前每天五点多就要起床去赶公交换地铁的生活，已经非常幸福了。但是，即便闹钟响了两次，艾米还是挣扎到十点钟才起床。她在朦胧的睡意中分成了两个“我”，一个“我”让她起床，一个“我”却说“才休息第二天，之前辛苦工作了那么久，就放纵一下再睡个懒觉吧”，结果她就在纠结的状态中赖床到十点。起床之后，慵懒地洗漱，吃早饭，等到一切都收拾妥当，已经中午十二点了。艾米很沮丧，因为她原计划上午要完成三千字的书稿。这样一来，原本下午三千字的任务就变成了六千，这让她感到很发愁和为难。此后半个月的时间里，艾米从未按时起床过，原计划要完成的工作任务，连十分之一都没有完成。艾米简直要崩溃，她原本承诺三个月交稿的，但是现在时间即将过去三分之一，她的工作却还没有进展。这可怎么办呢？艾米不知道自己这些天都干了些什么，为此开始记账。她把自己每天的时间去向都记录下来，最终得出一个结论，原来，她把时间都浪费了，根本没有用在正事上。

记录了一段时间之后，艾米根据日常的生活安排重新规划了工作，而且对于生活的节奏也进行了调整。在早晨睡懒觉和下午出门玩之间，她知道自己每天都只能选择其一，为此将这两项热衷做的事情进行了穿插安排。果然，这样一来艾米至少可以保证每天四个小时的工作时间。艾米很纳闷，原本每天工作十个小时也有时间吃饭睡觉，为何现在想要挤出来四个小时专心工作都这么困难呢？不过，她有信心坚持下去，把这一切当成是对自己的考验，一定要战胜困难，勇往直前。最终，艾米在半年之后终于适应了自由的生活，真正达到了理想的状态，每天可以睡到自然醒，既有时间休闲，也有时间工作，保证收入稳定。

在这个事例中，艾米采取了逆向思维法来规划时间，即不再提前规划时间，而是在事情发生之后，记录时间的用途。很多人用这样的记账方式来控制自己消费，实际上对于时间的消耗也是一种消费，而且时间是最宝贵的财富，更是需要我们非常珍惜。采取记账的方式记录时间，恰巧可以让我们养成珍惜时间的好习惯，从而把时间运用得恰到好处，也让一切都进展顺利。

换一个角度而言，采取逆向思维的方式规划时间，除了可以先记录时间再进行合理规划之外，还可以先把重要的事情进行合理安排，这样一来，可以保证在最重要的时间做最重要的事情，而把其他非重要时段用来做非重要事情，也就保证了时间的利用效率。不管从哪个角度来思考问题，计划都不是人生的桎梏，而应该是人生的助力器，推动人生不断向前，也让人生变得更加精彩和绝妙。生活中，八二法则无处不在，要想生活得悠闲惬意，就必须最大限度提升工作的效率，让自己在最短的时间内完成最多的事情，也花费更多的精力去做好最重要的事情，这样才能秩序井然，在人生中有更好的成长和发展。为此，我们一定要珍惜时间，也要以时间为人生的最大资本和最可贵财富，在人生之中扬帆起航！

## 生活中总有些最优选项

每个人都是这个世界上特立独行的生命个体，他们有自己的思想和观点，也有自己的情绪和情感。在这种状态下，我们必须把很多事情都做到最好，才能让人生呈现出精彩。遗憾的是，有太多人生活得浑浑噩噩，根本不知道自己想要怎样的人生，也不知道自己如何才能做出最优的选择。长此以往，他们就会在未来迷失，也会在成长的过程中变得被动和无奈，最终失去了自我。

有人说人生是一场旅程，有人说人生是不断犯错的过程，也有人说人生是在做选择题，甚至有人说人生是在做加减法。实际上，每个人提出的说法都有自己的道理，面对人生，我们同样只需要遵从心中的意愿，做出最优选择。当把人生的每一道选择题都做得恰到好处，那么整个人生都会变得不一样，也会给人带来惊喜和意外的收获。那么，什么才是最优选项呢？这个答案不能从别人那里得到，而只能从我们内心探寻。

高考成绩出来了，马俊的成绩很好，可以上一本。在马俊拿着录取通知书回家的时候，爸爸心中既感到高兴，也感到忧愁，为此他笑着笑着就开始落泪，接着就是一根又一根地抽烟。妈妈呢，则坐在炕头上唉声叹气，看着马俊欲言又止。马俊当然知道爸爸妈妈在忧愁什么，也知道妈妈想说什么。为此不等妈妈开口，他就对妈妈说："妈妈，我不上学。我要去打工，供弟弟妹妹们上学。"妈妈一下子哭起来："你考得这么好，不上可惜了呢！将来没文凭，要受累一辈子。"马俊安慰妈妈："没关系的，我文化基础好，到时候可以一边打工一边自学，也能拿到大学文凭。"爸爸沉思良久："要不让弟弟辍学去打工吧！"马俊当即反对："那怎么行呢！弟弟才十五岁，身子很弱，根本吃不消。让弟弟辍学，既耽误了他的前程，也不能给家里赚钱。还是我去打工最合适！"

最终，全家人做出了这个沉重的决定，大学报到的日子里，马俊和其他同学一起奔赴大城市，只不过那些同学都是去读书的，而他则是去打工的。马俊深知自己为了打工赚钱养家付出了怎样的代价，为此他对待工作非常认真负责，从不疏忽懈怠。又因为勤奋好学，在电子厂打工一年多之后，就承担了带班任务。这样一来，他有了更多的业余时间，工作也没有那么辛苦了。马俊认为，自己是时候拿起书本，开始学习了。三年过去，马俊完成了专科阶段的学习，拿到了大专毕业证，成为工厂里的中层管理者。又是三年过去，他拿到了本科文凭，成为了厂子里为数不多的既有文凭，实践经验又丰富的中层管理者。后来厂子进行改革，马俊毛遂自荐，获得了更高的职位。最终，他不但供养弟弟妹妹都读完大学，还在厂子里站稳脚跟，事业上取得了很好的发展。

如果说大多数同龄人还没有意识到时间的可贵，那么马俊则已经开始下一盘时间的大棋。他对于时间的计划跨度很大，足足有七八年的时间。正是在这七八年的时间里，他获得了很大的进步，也真正向父母证明他可以一边打工一边考取大学文凭，把丢失的学习时间都找补回来。反之，如果马俊当初选择读大学，而让弟弟辍学打工，他的大学则会读得很艰难，而家里也会因为穷困，无法供妹妹读书。马俊的选择就是当时他所能做出的最优选择，为此他才能兼顾方方面面，最终收获相对圆满的结果。

现实生活中，很多人都在时间的夹缝中疲于奔波，不知道自己到底应该抓住什么。毕竟每个人的时间和精力都是有限的，任何人都不可能面面俱到把每件事情都做到最好。那么如何利用好有限的时间和精力，让自己成功地把时间效力最大化呢？这是人人都需要认真慎重思考的问题，也是人人都需要全力以赴做到最好的。不管是大的时间范围，还是小的时间节点，我们都需要进行综合权衡和考量，这样才能从现实情况出发，根据自身的实际，做出最好的选择，获得最佳的结果。当然，每个人都有自己的实际情况，为此在选择和安排时间的时候，不要盲目模仿他人，而是要因人制宜，要从自身出发。有的时候，选择就像穿鞋，并没有绝对的好坏之分，合脚舒适才是最重要的。

## 拖延症并非无药可救

现实生活中，患有拖延症的人越来越多，不管做什么事情，他们都不能抢先去做，而是会无限拖延时间，直到不能再拖延为止。对于拖延症的表现，以及拖延引起的烦恼，大家都感到很懊丧，也想要积极地改变自己，但是他们最终还是会被残酷的现实打倒，向拖延症缴械投降。当大多数人都觉得拖延症无药可救的时候，有的人却能从拖延的纠缠中摆脱出来，从原本的磨磨蹭蹭到如今的雷厉风行，他们的进步是可以看到的，也是让人惊讶的。那么，他们到底是如何做到戒除拖延的呢？

拖延症并非与生俱来，自然也就不会如同狗皮膏药一样粘在我们的身上撕扯不下来。只要采取适宜的方法，就能起到最佳的戒除效果，而最根本的办法在于端正态度，要形成时间意识，更加珍惜时间，这样才能让拖延症状得到缓解，也才能让拖延一去无踪。

前几年，网络上疯传一张哈佛大学图书馆的照片。照片记载的是凌晨四点的图书馆里亮着灯，坐满了学习者的情形。看到这张照片，相信很多人都会恍然大悟，这是因为他们此前误以为每一个能进入哈佛学习的人都是万里挑一的天才，至此才明白原来所谓的天才就是勤奋和汗水浇筑出来的。为此，不要再抱怨自己的智商不够高，也不要抱怨自己没有能干的爹妈作为坚强的后盾，而是要首先问问自己是否已经足够努力，是否从来不曾拖延。一个人即使有再好的想法，如果始终不能付诸实践，那么金点子就会变成痴心妄想，就会成为空想。只有当机立断展开行动，把想法真正做出来，才能在实践和操作的过程中不断成长和进步，也才能让自己有更大的进步和更好的未来。

在真正学习的过程中，很多孩子都会犯一个错误，那就是平日里优哉游哉，等到考试前夕恨不得通宵达旦地复习，忙得甚至连吃饭睡觉的时间都没有。这叫勤奋吗？这其实是在应付和敷衍。真正好学的孩子，会把功夫下在平时，把学习的力量都用在平时，这样哪怕是在考试前没有大量时间去复习，没有机会临时抱佛脚，他们也不会惊慌，因为他们知道凭着平日里的功底，他们一定不会表现太差的。而这些想要突击学习的人，都是因为平日里对于学习漫不经心，而且常常会犯拖延的坏习惯，所以才会把时间如同压缩饼干一样压缩，如同蔬菜干一样脱水，结果到了考试前夕就只能恶补，求得心理安慰。

拖延症真的很让人头疼，患有拖延症的人不拖延到最后一刻，绝不想去做。换而言之，即使拖延到最后一刻，他们也总是不急，甚至因为没有时间去准备而彻底放弃。喜欢拖延的人总是能找出各种各样的借口去延迟行动，也有人觉得拖延症就是懒惰的别名。实际上，从本质意义上而言，拖延症和懒惰还是不同的。懒惰的人从心里压根不想做任何事情，而拖延者从本心的角度而言，还是有着美好的规划，也想要把事情真正做好的。他们之所以拖延，就是因为不能当即展开行动，为此他们心中像有两个人在打架，一个人明知道该采取行动而不愿意动弹，而另一个人就在指责他。为此大多数拖延症患者都很内疚，也有负罪感。

具体来说，要想戒掉拖延症，首先，要树立时间观念，形成珍惜时间的意识，也要有的放矢。其次，拖延症患者必须自己承担严重的后果，这样才能在拖延症导致的严重后果面前意识到自己戒掉拖延症迫在眉睫。最后，拖延症患者还要学会逼自己，而不要任由自己的懒惰和拖延发生作用。当然，每个人之所以拖延原因都是不同的，有的人因为缺乏自信而不愿意当即去做很多事情，有的人害怕承受糟糕的结果而刻意以拖延的方式逃避。在这种情况下，要做好最坏的准备，然后破釜沉舟向前。很多事情在没有真正去做之前，根本不知道会朝着哪个方向发展，为此未雨绸缪很重要，但是却不要过度，更不要杞人忧天。还有的人之所以拖延是在消极怠工，以拖延的方式抗拒，那么就要知道他的真实想法，才能激励他真心去争取做到最好。

不要害怕自己做出的事情不被他人认可和接纳，在这个世界上，金无足赤，人无完人，每个人都既有缺点也有优点，我们要做的是客观公正地认知和评价自己，也把每一件事情都努力做到最好，达到问心无愧，这样一来，我们才能心怀坦荡，做任何事情都从容不迫。古人云，“以五十步笑百步”，即在战场上那些逃跑了五十步的人，觉得自己有资格嘲笑那些逃跑了一百步的人。实际上，不管逃跑了多少步，都难以改变逃跑的性质。为此，一个拖延的人没有资格嘲笑别人的失败，只有自己真正迈出第一步，展开实际行动，才能在成长的道路上始终努力向前，也才能积累更多的经验，成为自己获得成功的助力。

## 不要为所爱的事物害了自己

近些年来，很多青少年都沉迷于玩游戏，甚至不乏有些人因为痴迷打游戏而荒废了学业，荒废了工作，导致身无立锥之地，最终一事无成。游戏真的有这么大的吸引力吗？一方面，游戏中充斥着很多暴力和血腥的场景，的确会吸引不够成熟的眼球，另一方面，现代社会中，学生学习的压力很大，成人生存的压力很大，为此他们常常会以沉迷游戏的方式放松心灵。殊不知，游戏有毒，会使人上瘾。当他们长久地沉迷于游戏，渐渐地就会迷失自己的内心，也会让人生变得更加浮躁和喧哗。

俗话说，凡事皆有度，过度犹未及。实际上，适度玩游戏是人们放松的一种方式，原本无可厚非，但是一旦过度沉迷游戏，就会使得人们迷失人生，心灵变得空虚和混沌，导致的后果就非常严重。其实，不仅是游戏，一切使人沉迷和上瘾的事情对于人生都是有害的，也会毁掉人生。例如有人爱喝酒，到了嗜酒的程度，结果导致神经不正常，不但伤害了自己，也伤害了家人，可谓害人害己。在前段时间播出的《人间世》第二季第五集上，播放的是精神病院里的故事，有位患者就是因为嗜酒才导致脑子不正常的。还有的人喜欢抽烟，导致肺部就像是饭店里的吸油烟机或者排气扇那样黑乎乎的，疾病因此而生。不得不说，人有兴趣爱好，有精神寄托是好的，但是一旦过度，把人生所有的希望都寄托在不良爱好上，或者把人生的一切力量都荒废在不良爱好上，那么就像坠入人生的黑洞，很有可能把人生彻底毁灭和吞噬。

一直以来，我们都倡导大家有兴趣爱好，却忽略了有的时候我们所爱的事物也会毁掉我们的人生。如何才能避免被所爱的事物吞噬和毁灭呢？最好的办法就是从思想上有正确认知。

为了戒掉孩子的网瘾，很多父母想出各种办法都收效甚微，还有的父母狠心把孩子送到戒掉网瘾的学校，结果几天之后发现孩子死去。不得不说，这些都是错误的方法，尤其是把孩子送到戒网瘾学校更是荒唐，也是不负责任的表现。如果父母作为这个世界上最爱孩子的人都没有办法把孩子从网游的道路上召唤回来，那么冷冰冰的戒网瘾学校和丝毫不了解孩子的甚至没有教师资质的假老师，又凭什么可以呢？戒掉任何嗜好都需要长期艰难的努力，最重要的在于当事人愿意去改变。否则，即使外部的力量再怎么强大，也不能使他们改变。

人生就像在吃自助，谁也不知道后面还会有多少新鲜的菜品端上来，为此一开始不要因为饥饿过头就胡吃海塞，否则后来就算面对美味的食物，也根本无法吃了。在该奋斗的年纪里，不要把自己埋葬在安逸之中。也许此刻你还觉得自己有大把的青春可以挥霍，不经意间你就发现人生过半，再回首已是百年。从现在开始，就激励自己努力学习和进取，远离那些不良嗜好吧，只有适度的人生才能呈现出最美好的姿态，也只有能够掌控自己的人才能真正成为人生主宰！

# 第03章 要想有所成就，先付出一万个小时

在心理学领域，有一个定律很有名，叫作一万小时定律。那么，何为一万小时定律呢？意思是说一个人如果想要有好的表现，收获一定的成就，就必须至少付出一万个小时的坚持与努力。当然，这里所说的一万个小时只是一个概数，真正需要努力的时间也许比一万小时少一些，也许比一万小时多很多。总而言之，成功不会一蹴而就，更不会从天而降，每个人都必须激励自己不断努力，获得长足的进步和成长，才能在生命历程中有更好的改变，有更加突出的成就。

## 量变才能引起质变

物理学上提出了一个著名的定律，那就是量变才能引起质变。这告诉我们，不管做什么事情都要坚持努力付出，才有可能收获。一万小时定律是由美国大名鼎鼎的社会学家马尔科姆·格拉德维尔提出来的。他穷尽一生都在研究心理学和社会现象。一个偶然的机会，他突发奇想：这个世界上所有伟大的人都是如何获得成功的呢？为此，他当即对这些人展开调查，最终发现这些人之所以能够获得成功，完全是因为他们努力的时间很长，而且在遭遇各种坎坷和挫折的时候，从来不放弃努力，更不改变初心。他甚至认为一个人只要能够坚持努力一万个小时，哪怕没有天赋，也能够获得成功。

一万个小时大概有多久呢？如果每天坚持三个小时，需要十年的时间。如果每天坚持八小时，那么需要三到四年的时间。不管是一天八小时努力，还是三小时努力，一万小时都是一个很漫长的时间。为此，匈牙利的一个心理学家用自己的三个女儿进行实验。他的女儿们对于国际象棋从未表现出特别的兴趣和爱好，但是他却安排女儿们学习国际象棋。结果，若干年后，三个女儿都成为国际上大名鼎鼎的国际象棋手，这充分证明了就算没有独特的天赋和浓郁的兴趣，而只是要坚持，坚持，再坚持，也可以获得很大的成功。实际上在坚持的过程中，已经由量变而引起了质变，也已经获得了本质上的改变。

在古代社会，很多穷人家的孩子没有出路，会选择锻炼力气，争取长大之后成为大力士，靠着卖力气来赚钱养活自己。但是，孩子们力气普遍较小，这可怎么办呢？

为了循序渐进提升孩子的力气，有人想出了一个好办法，那就是让孩子抱着小牛犊上山。一开始，牛犊很小，也不重，孩子抱着刚刚好。后来，随着牛犊不断长大，越来越重。然而，孩子们抱着牛犊并不费力气，这是因为他们每天都要抱着牛犊上山下山，已经习惯了牛犊的重量，而且自身的力量也变得越来越大。等到牛犊长成几百斤重的大牛时，孩子们也就成为了大力士，能够举起和大牛差不多重量的大鼎。这个时候，他们的力气比平常人大很多，也就可以开始进行大力士的表演了！

人生，始终都在不断地积累之中。新生儿从呱呱坠地开始就在学习，随着不断地成长，他们掌握了人生更多的技能，为此渐渐地具备独立的能力。但是，没有任何孩子从一出生就可以独立生存，孱弱的新生命必须依靠父母无微不至的照顾才能存活下来。

到了三岁，孩子们开始读幼儿园。此后，他们按部就班升入小学、初中、高中、大学，在整个成长的过程中，他们都在坚持学习，积累知识，所以最终才能具有强大的能力，也才能在社会上更好地生存。荀子说：“不积跬步无以至千里，不积小流无以成江海。”这句话告诉我们，千里之行始于足下，再大的江河湖海也必须汇聚小流，才能变得壮大和开阔。为此，不要抱怨自己天赋不够高，也不要抱怨父母不像马云那么给力，而是要当机立断地展开行动，发奋努力，这样才能全力以赴做到最好。

在努力的过程中，一定不要急躁，更不要急功近利，否则只会事与愿违。细心的朋友们会发现，生活中那些咋咋呼呼的人都失败了，而那些沉默着坚持努力的人，则获得了更大的进步和成长。这就是积累的神奇改变，也是坚持的伟大力量。

有心理学家提出，人与人之间的先天条件相差无几，而之所以大家之间的差距那么大，就是因为有的人始终在奔跑，而有的人却在跑了几步感到疲倦之后就选择了放弃，或者停留在原地，或者在慢慢地龟速前进，结果不知不觉间就被他人远远甩下。

正如人们常说的，生活如同逆水行舟，不进则退。任何时候，都要保持积极的态势，才能始终昂扬向上，才能勇往直前。记住，点点滴滴的积累才能造就精彩的人生，只有持之以恒的努力才能让生命绽放出别样的光彩！

## 选择，对于你的人生非常重要

很多人都读过“南辕北辙”的故事。一个人要出门，便准备了最结实的马车、最丰厚的盘缠、最经验丰富的车夫和最精良的马匹。然而，他选择了错误的方向，与自己所要去的地方背道而驰。结果，他的所有有利条件都变成了不利条件，最终他距离自己要去的地方越来越远，遥不可及。由此可见，选择正确的方向很重要，如果方向错了，再多努力也不可能实现既定的目标。

有人说人生是一场旅途，有人说人生是一次冒险，也有人说人生就是不断犯错，还有人说人生就是选择。各种各样的选择堆叠和串联在一起，就变成了人生。一个人固然不可能保证自己的每次选择都很正确，却可以让自己开阔眼界，增长见识，这样才能站得高看得远，避免鼠目寸光，自己局限了自身的发展和成长。有人说，格局决定人生，是很有道理的。毕竟人生要想有更好的发展，就要有大格局，就要有更长远的眼光，从而才能做出更加理性的决定。由此可见，选择对于每个人的人生都非常重要，只有尽量做出正确的选择，人生才不会在既定的轨迹上偏离太多。也只有坚持做出明智的选择，人生才会有更加精彩纷呈的呈现。

很久以前，有个小山村特别偏僻，没有通自来水，村民们要想用水，必须去很远之外的山泉处挑回来。为了方便村民们用水，也为了防止在天气恶劣的时候没有水可以使用，村长在村子中间修建了一个蓄水池，而且从村子里选出两个身强体壮的年轻人专门负责从山泉处挑水到水池里，以保持水池里始终都有水。这两个年轻人一个叫山姆，一个叫杰克，他们都很喜欢这份工作。和村子里那些种地的人相比，他们每挑一桶水就可以得到相应的报酬，为此他们挑水之后就会去酒吧喝酒，生活过得很惬意。

有一次，山姆对杰克说："杰克，一直这样挑水终究不是办法，等到我们老了，就不能从事这份工作了，就会被更加年轻和强壮的人取代。我觉得我们要想想办法，看看怎样才能一直把这份工作做下去。"杰克可不想费脑子，他端着啤酒对山姆说："别着急，等到挑不动了再说，何不今朝有酒今朝醉呢！"就这样，杰克端起酒杯和山姆喝酒，山姆却满腹心事的样子。经过很长时间的思考，山姆终于想出了解决的办法，那就是修建一条水渠，把水从山泉处引到村子里，这样一来每天拧开阀门就可以卖水，简直太惬意了。但是修建引水渠是个浩大的工程，为此山姆邀请杰克一起。听到山姆的想法，杰克当即否定："如果修建引水渠需要一年的时间，那么我们就一年都挣不到钱了！"山姆说："但是一年之后，引水渠修好，我们就一直可以挣到钱。"杰克不想失去这份收入，哪怕一天也不行，为此拒绝了山姆的邀请。随后的日子里，每天只有杰克一个人在挑水，他赚取了两份工钱。而山姆呢，除了种地，就在一个人埋头苦干修建引水渠。有几次，山姆累得直不起腰，杰克却拿着挑水赚到的钱在酒吧里喝得烂醉如泥。

一年多过去，山姆的引水渠终于修好了，才开始卖水第一天，他就生意火爆。有了引水渠里的新鲜山泉水，再也没有人愿意去村子里的蓄水池中挑水吃。最终，杰克失去了工作，而山姆每天坐在家里就可以赚取很多的钱。

不同的选择，让山姆和杰克的命运截然不同。看起来，山姆有一年多的时间都没有钱赚，为此承受了损失，而实际上山姆的目光更长远，他修建好引水渠之后，让自己有了长久的收入。这个时候，杰克却失业了，这怨不得山姆，谁让杰克当初拒绝了山姆的热情邀请，没有和山姆一起修建引水渠呢！

俗话说，一分耕耘一份收获，实际上这句话并不完全正确。大多数情况下，人们付出了努力总会有所收获，而也有的时候，人们哪怕付出很多也未必有收获。为此，我们一定要做出明智的选择，不要因为一时得意就张狂，也不要因为一时失意就沮丧。只有保持内心的淡然和从容，也始终坚持努力付出，我们才会有更好的发展和成长。古人云，授人以鱼不如授人以渔。任何时候，掌握方法和技巧都是最重要的，而不要总是盯着那些蝇头小利，却失去了长远的利益和发展。选择很重要，甚至会决定人生的未来，你做好准备做出最明智的选择了吗？

## 做适合自己的工作

每个人都是这个世界上独一无二的存在，人与人之间的差别很大，不但天赋不同，理想和志趣不同，而且对于人生的憧憬和渴望也不相同。为此，在人人都渴望成功的年代里，不要想用速成法套用别人的成功，而是要更加静下心思考自己，客观认知和公正评价自己，这样才能在成长的过程中不断努力前行，也才能在不断尝试的时候找到真正适合自己的工作或者事业。

在如今的图书市场里，有很多书都是励志类的，这些书教导人们一定要全力以赴去拼搏，也要坚持不懈去努力，还说努力总会开花结果，付出总是有回报的。而实际上，如果没有找到正确的人生发展方向，我们很难真正把各种事情都做到最好，也未必能够如愿以偿得到回报。

有心理学家提出，人的潜能是无穷的，还说即使像爱迪生那样伟大的科学家，也只用了十分之一的潜能而已。这样的说法也许从心理学的角度来说是有道理的，但是对普通人来说，却有些困扰。有些人在听说这句话之后，马上就对自己产生了错误的认知，觉得自己只要全力以赴，就能收获成功，甚至有人口出狂言，自称只要有支点就能撬动整个地球。不得不说，这样的想法很荒唐，毕竟每个人的天赋不同，就算大多数人潜能的总量是相同的，他们在各个方面的表现也会截然不同。为此，先不要忙着成功，也不要忙着撬动地球，而是要想一想如何更加准确地认知自己，发掘自身的潜力，这比什么都更重要。

潜能是个泛泛而谈的概念，每个人都有很多的潜能，诸如学习的潜能、沟通的潜能、工作的潜能、情绪控制的潜能、教育孩子的潜能等。这些潜能分布在人生不同的领域和方面，在适宜的情况下发挥作用，改变我们的命运和人生的走向。听起来这的确是个振奋人心的消息，先别急着高兴，因为还有心理学家提出，有的人在一生之中从未发现过自己的潜能，导致潜能始终如同深山里的宝藏一样无人知道，也如同沉睡的狮子那样没有机会发挥威力。为此，我们必须先发现自己的潜能，才能有的放矢激励自己不断地成长和发展，也发挥潜能的力量获得成功。

俗话说，是金子总会发光。有人以这句话安慰自己，还自诩为千里马等着伯乐来发现和赏识。不得不说，在人才凤毛麟角的年代里，人才的确会被深度挖掘出来，但是在如今的时代里，人才济济，即便你真的是千里马，也必须主动寻找伯乐，而不要等着伯乐出现。生命的光阴非常宝贵，为何要将其浪费在等待之中呢？只有争分夺秒推销自己，让自己有合适的平台去发展，才能最大限度激发出潜能，也让潜能迸发出强大的力量，创造生命的奇迹。

除了要努力发展之外，做人还应该有自知之明。很多人盲目自大，总觉得自己是天之骄子，也认为世界上就没有自己不能干的事情。只能说这样的人始终局限在自己狭小的圈子里，而从来不知道人外有人，天外有天，也从来不知道人生海阔天空。做人，既要有自信，也要杜绝自负。既要认知自己，也要谦虚低调。唯有如此，才能在人生的道路上发挥自身的力量，走得更远，攀登上人生的更高峰。

尤其需要注意的是，做适合自己的工作很重要。偏偏有些人要与自己较劲，坚持做自己不擅长的工作，还美其名曰证明自己的实力。殊不知，古今中外，那些能够在特殊领域有所成就和发展的人，全都是因为他们找到了自己的所长，也从事着自己擅长的工作。很多人都喜欢看台湾漫画家朱德庸的作品，却很少有人知道朱德庸小时候上学，对于文字的感觉非常迟钝，因而常常被老师批评和嫌弃，甚至被劝说退学。直到后来，他发现自己很喜欢学习几何，而且对于绘画很感兴趣。由此，他一发而不可收拾，坚持绘画，最终成为了伟大的漫画家。

如果一个人可以在自己擅长的领域里，轻松地获得成功，为何偏偏要违背自己的意愿，非要坚持从事自己不擅长的工作呢？有人说，要干一行，爱一行，这只能算作敬业。有人说，如果爱一行，也有机会干一行，那么这是幸运，也是激发创造力、做出伟大成就的契机。如果实在不知道自己擅长什么、适合什么，也可以耐心地去尝试。听起来这是个笨方法，却总比一辈子都做着自己不适合的工作，一事无成来得更好。

## 习惯对于人生的影响力很强大

对于每个人而言，习惯就像空气，使人在日常的生活中始终感受不到它的存在，但正如空气消失，会感到窒息，一旦习惯改变，就会觉得到处都不自在。这就是习惯的无形力量，常常能够改变一个人，也能够让人生的轨迹发生改变。

习惯的力量是很可怕的。因为习惯发生作用，常常在人不自觉之间。我们每天都能看到太阳东升西落，为此就不会怀疑太阳明天能否照常升起；我们每天都接受父母无微不至的照顾，为此渐渐理所当然地认为父母总是那么年轻强壮，足以为我们支撑起一片天地。对于习惯的东西，我们从不会质疑，对于自身习惯的行为，我们总是无知无觉做出来，而不会去反省或者观察。习惯对于行为的影响力尤其强大，为此大多数人的行为表现都是遵循习惯的指引做出来的。有好的习惯，就更容易获得成功；没有好的习惯，就常常会与失败纠缠。为此，人们常说，习以为常的行为决定了习惯，而习惯改变了我们的性格，性格又决定了我们的命运。由此可见，习惯决定命运这句话绝不是空穴来风，而是具有一定道理的。

好习惯的养成需要漫长的时间，却有可能毁于一旦，这是因为人的本能是趋利避害，人人都想更加安逸舒适，投降于本能。为此，坏习惯的养成总是轻而易举。虽然坏习惯更加顺从我们的本能，但是我们却要保持理性，而不要总是向坏习惯屈服。唯有坚持戒掉坏习惯，养成好习惯，渐渐地，我们自身的力量才会越来越强大，我们的人生也才会有与众不同的精彩表现。

作为一名石油大亨，盖蒂曾经特别喜欢抽烟，而且每天都要抽掉大量香烟。有一次，盖蒂一个人开车出行，在途经法国的时候，突然天降暴雨。他勉强又开了几个小时，眼看着暴雨丝毫没有减弱的趋势，而且天色也渐渐黑了，视野很糟糕，为此他决定去一家旅馆投宿，在睡眠中度过这个大雨滂沱的夜晚。

住宿的时候，盖斯又累又饿，在狼吞虎咽吃完晚餐之后，他立即呼呼大睡。直到凌晨三点钟，他才从睡梦中醒过来，他的手下意识地伸向床头柜，拿起烟盒。然而，这只是一个空烟盒，盖蒂想要抽烟的欲望很强烈，他赶紧下床翻遍了所有的衣服口袋和行李，却找不到一根香烟。盖蒂意识到他必须出门买烟，而这条街道上并没有香烟售卖，必须走过两个街区去火车站附近的二十四小时便利店才能买到。盖蒂穿起衣服，正准备出门的时候，突然想到：“我是在做什么？此时是凌晨三点钟，我在一个陌生的城市，居然为了抽烟，要冒着危险走过两个街区，去烦乱吵杂的火车站附近的便利店购买香烟。我就算不抽香烟，又会怎么样呢？”想到这里，盖蒂果断脱掉衣服，回到温暖的被窝继续酣然入睡。从此之后，他再也没有抽烟。

一个糟糕的习惯很有可能导致严重的、无法挽回的后果，所以从现在开始，我们就要意识到这些坏习惯的存在，也要不遗余力地与这些坏习惯斗争，切勿等到坏习惯已经严重影响生活的时候，我们再去追悔莫及。当然，对于那些好的习惯则要坚持，哪怕在坚持的过程中遇到困难，也要努力战胜困难，绝不放弃对于好习惯的养成。

细心的朋友们会发现，正是那些琐碎的习惯影响了我们在生活中的表现，例如有的人不但早晨刷牙，晚上也会刷牙，每天早晨都会洗漱，晚上入睡前也会洗漱。这样简单的好习惯很多人都能去做，遗憾的是，有很多人明明有条件保持个人卫生，却始终不愿意主动去做，这样一来还如何养成好习惯呢！从现在开始，就让我们与好习惯相伴，而与坏习惯说拜拜吧！人生道路漫长，只有更有毅力，更加坚持，我们才能做好很多事情，也才能如愿以偿获得收获！

## 当你坚持努力，就会距离成功越来越近

在这个世界上，成功从来不是一蹴而就的，天底下更没有免费的午餐可以享用。一个人要想获得成功，必须始终坚持努

力，也要在奔向成功的过程中排除万难，这样才能不断地接近成功，也让自己的未来有更好的发展和更伟大的突破。

前文说过，好习惯的养成需要漫长的过程，为此每个人都要从现在开始当机立断远离坏习惯，培养好习惯。在此期间，还需要坚韧不拔的毅力和绝不屈服的顽强，否则一旦为懒惰、拖延等劣根性所奴役，只会距离自己想要达到的目标越来越远。2019年春节，吴京主演的《流浪地球》票房突破了二十亿，让无数国人感到振奋的是，外国的地球灾难大片都是造一艘船或者飞行器，把人分为三六九等，把所谓的高等公民带离地球。而在《流浪地球》中，则是把地球变成一个巨大的飞行器，不抛弃不放弃，从而带着地球去流浪2500年的时间。仅仅是这个想法就会让人觉得精神振奋，热泪盈眶，而硬汉吴京在这部影片之中，也继续发挥坚持的精神，奋战到最后一刻。

俗话说，笑到最后的人才是笑得最好的人，这是颠扑不破的真理。一个人即使有很强大的力量，如果不能坚持，那么这份力量就会化作虚无。反过来说，一个人即使力量渺小，如果能够始终坚持绝不放弃，那么再小的力量也会在不断积累和坚持之下，取得质的飞越和突破。还记得水滴滴在石头上的表现吗？和石头相比，一滴水的力量当然是很微小的，而且水的质地柔软，在溅落到石头上的第一时间就会四处飞溅出去。正是这样的水滴一滴又一滴地落在石头上，经过经年累月的努力，最终把石头穿透。这就是水滴石穿。一滴水尚且有这样的精神和顽强的意志力，我们作为人的梦想更加远大，意志力当然要更强，才能渐渐地推动自己驶向成功的彼岸。

战国时期，乐羊子想要出人头地，为此告别家人和妻子，背起行囊，去了异地求学。离开家的时候，乐羊子说自己要很久才会回来，拜托妻子一定要把家里照顾好。妻子叮嘱乐羊子专心求学，不要挂念家里的事情。然而，才过去一年的时间，乐羊子就回到家里。妻子很惊讶，问乐羊子："夫君，你才走了一年，难道就已经学成了吗？"乐羊子说："没有，我只是有些想家，所以回家来看一看。"

听到乐羊子的话，妻子很生气，当即拿起剪刀走到织布机前，把自己已经织了半匹的布咔嚓剪断。乐羊子阻止妻子不及，懊丧地说："一匹布一旦剪断，就彻底成了废品！"妻子对乐羊子说："做任何事情都和织布一样，不能半途而废。夫君你外出求学还没有学成，为何就要急急忙忙回家来呢！你这样的行为就像这匹被剪断的布，使你毫无价值！"乐羊子很羞愧，当即背起行囊再次出门。这一次，他没有半途而废，而是走了很多年，直到学有所成才回到家里。

有人说，养成一个好习惯需要二十一天，不得不说，真正的习惯又岂是二十一天就能养成的呢？成功也需要习惯的作用力，只有真正坚持不懈的人，才能把成功的DNA印刻在自己的生命之中，从而在努力付出之后距离成功越来越近。也许当初提出二十一天就能养成好习惯的人，这是为了让在习惯养成前期感到难以坚持的人有更多的希望，也有更强大的力量吧。

归根结底，习惯的养成需要坚持。有再好的想法如果不能当机立断付诸行动，有再好的习惯如果只是做了一次就完全抛之脑后，那么就无法对于我们的人生起到积极的作用和影响力。只有长期坚持下去，只有遇到任何困难都不放弃，只有循序渐进持之以恒，我们才能真正养成习惯，也拥有习惯的力量。

## 不断蜕变，人生才能更强大

每当金桂飘香的时节，很多人都喜欢吃大闸蟹，这是因为大闸蟹味道鲜美，而且有着丰腴的蟹黄和蟹膏，总是让吃过的人念念不忘，一有机会就忍不住再次大快朵颐。有人觉得大闸蟹很好养活，是因为大闸蟹的生长周期很短暂，只有几个月的时间，但是却能长到很大，每只小则三四两，大则五六两。大闸蟹的生长速度为什么这么快呢？是因为大闸蟹在整个成长的过程中要经历十八次蜕皮。不了解螃蟹生长的人一定会感到很惊讶：螃蟹那么多腿，如何能蜕皮啊！的确，螃蟹蜕皮很难，但是为了成长，它们必须不断蜕壳，否则成长就会受到限制，无法长大。

在自然界里，和螃蟹一样需要蜕变的动物很多，如蛇、蝉等。其实，不仅仅动物需要蜕皮或者脱壳，就算是人，为了不断地突破和超越自我，也必须坚持蜕变。这样一来，才能随时调整人生的目标，也才能在的成长过程中有更好的表现。也只有不断地蜕变，人生才会获得新生，变得更加新鲜，充满希望。

突破和超越自我的过程，就是一次又一次达成目标，再给自己制定更高目标的过程中。人生就像是爬山，如果始终停留在一个台阶上，那么就会一直留在原地，无法进步和上升。只有不断地沿着台阶向上攀登，才能站到更高的地方，看到更远处的风景，人生的格局和目标也变得截然不同。不管暂时获得了成功，还是陷入成长的困境，我们都不能止步不前，更不能自暴自弃。此外，在实现目标之后，还要适时调整目标，提升目标，否则同样会被陈旧的目标限制住，人生也会因为失去了可以实现的目标而变得迷惘和困惑。

在英国，有个男孩叫希尔曼。希尔曼从小就患有严重的肌肉萎缩疾病，走路都很困难，但是他却身残志坚，爱上了登山。他的意志力非常顽强，在面对一座座连正常人都会敬畏的大山时，他却能够勇往直前，绝不后退。也正是凭着这样的精神和顽强不屈的毅力，希尔曼才能不断地征服大山，获得成功。

19岁时，希尔曼登顶珠穆朗玛峰——珠穆朗玛峰是世界最高峰，也是无数登山者心向往之的神山；21岁时，希尔曼登顶阿尔卑斯山……此后的日子里，希尔曼接连征服了很多座大山。到了28岁，他已经征服了世界上几乎所有的名山大川。很多人听到希尔曼的故事，都把西希尔曼当成是励志的榜样，都向希尔曼学习。正在此时，希尔曼突然选择以自杀的方式结束生命，这到底是为什么呢？活过了那么艰难的时刻，登顶了那么多的名山大川，理应热爱生活才对，为何希尔曼偏偏反其道而行呢？大家对于希尔曼的死都感到很纳闷，在经过调查之后才发现，希尔曼的父母也是登山爱好者，在登山过程中遭遇雪崩死亡，当时希尔曼才11岁。这次登山遇难之前，父母给希尔曼留下遗嘱，希望希尔曼能够继承父母的遗愿，登顶世界上的所有名山大川。希尔曼果然没有辜负父母的期望，他坚强地成长，拖着残疾的身体去登山，以顽强的意志力征服了大山，也征服了人生。但是，他在实现父母的遗愿之后突然失去了目标，觉得自己的人生失去了继续存在的意义，为此他才会变得非常郁闷和苦恼，就像没头苍蝇一样不知所措，最终选择了结束生命。

从希尔曼的事例上我们可以看出，人生的确是需要蜕变的。所谓蜕变，不但是突破和超越自己，也是在实现之前的目标之后，要及时为自己制定新的目标。这样一来，才能始终有人生的光芒，也朝着希望不断奋进。

一位资深的人力资源管理者说过，对于如今的年轻人而言，最可怕的不是竞争激烈，而是没有目标。太多初入职场的年轻人整日浑浑噩噩，过着当一天和尚撞一天钟的生活，根本不知道自己想要怎样的人生。在这样懵懂无知的状态中，他们迷失了自我，失去奋斗的方向，也失去了力量。人生一定要有目标，而且要保持与时俱进的节奏，这样才能不断地成长，突破和蜕变，超越自己，也成就自己。

# 第04章 你缺的不是努力，而是高效的努力

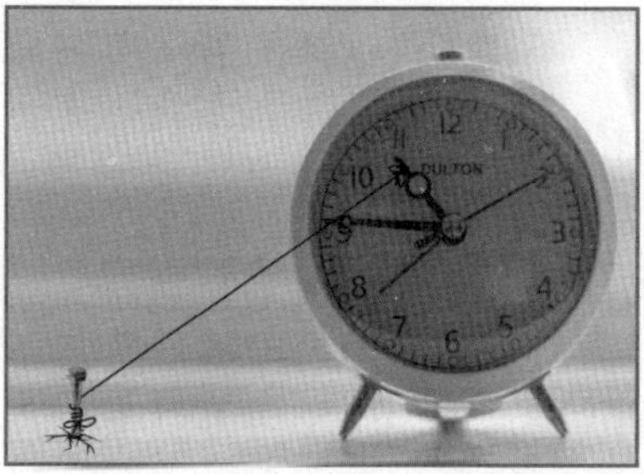


很多人都会感到困惑，因为他们明明觉得自己已经非常努力，但是却没有得到想要的收获，为此他们会质疑一分耕耘一分收获，也对于自己的付出感到迟疑和犹豫。而实际上，只有努力是远远不够的，努力必须更加高效，才能有所收获。否则，有些努力只会付诸流水，毫无意义。为了避免让努力打了水漂，每个人都要把握努力的真正含义。

## 勤于整理，才会更有效率

有人说，大丈夫不拘小节，为此在做很多事情的时候都特别粗犷，只顾着关注重点，而忽略了对于细节的把握和掌控，还美其名曰自己是大丈夫，不得不说这样的借口实在算不上高明。也有人说，一屋不扫何以扫天下，这句话与大丈夫不拘小节恰恰相反，告诉我们一个人要想做成大事情，必须关注小节，也要把细节做好，从而才能在大的方面有更好的表现。持有这两种截然相反观念的人彼此之间没少争辩，他们谁也说服不了谁，甚至为此争得面红耳赤。实际上，任何一种观念和想法如果走向极端，都会从正确变得不那么正确，只有把握好合适的限度，让事情更加面面俱到，才能起到更好的效果。

有些人穷尽一生都在忙碌，显得非常慌乱，看似时间紧迫根本不够用，但是回过头来想，却发现自己毫无收获，为此颓废沮丧，觉得自己虚度了人生。有些人则恰恰相反，他们对于人生胸有成竹，气定神闲，做很多事情都一副胜券在握的样子。他们明明比别人做了更多的事情，但是却从未抱怨时间紧张不够用，反而他们在忙碌的工作和充实生活之余，还有时间去做自己想做的事情，也有时间把自己的人生进行更好的规划和合理的安排，他们到底是如何做到的呢？人与人之间面对生活之所以有如此大的差距，归根结底是因为他们的人生效率不同。

一个秩序井然的人，不管做什么事情都会按部就班，有条不紊，而一个总是慌张迷乱的人，则不管做什么事情都会因为不能掌握顺序而变得忙乱，虽然付出了很多的时间和精力却没有效率，可想而知收获也必然很少。为此明智的朋友坚持追求人生的效率，也在尝试各种方法之后最终发现，要想有效率必须有顺序，而要想有顺序，就要善于整理。

有很多外表看起来光鲜亮丽的女孩子，走出家门就是一副时尚达人的样子，而走进家门，则又变身成为邋遢女王。记得在一期真人秀节目中，谢娜的房间就看起来凌乱不堪，使得作为丈夫的张杰看到摄像机呈现下的房间都觉得不好意思。这正是很多女孩的常态。女孩尚且如此，男孩就更不用说了。有些人觉得房间里乱一些没关系，只要能把大事情做好就行，殊不知，如果连自己生活的环境都不能整理好，又如何能够把各种事情做好呢？顺序不但体现在必要的时刻，也体现在生活的点点滴滴。

看到这里，也许有些人会说，那些伟大的发明家办公桌都是很乱的，堆满了各种书籍和草稿纸，还有可能摆满了各种实验器具。不得不说，我们作为普通人和那些发明家真心没得比，发明家有助理帮忙，而且他们才思敏捷，常常在不经意间就会冒出一个又一个稀奇古怪的想法，这些我们有吗？如果没有，还是老老实实把东西收拾好吧，可别说自己是乱中有序，也不要强调自己必须在凌乱的状态中才能找到需要的东西。这一切都只是容忍脏乱差的借口而已，况且也并非所有的发明家、科学家都是凌乱的，他们之中大多数人都有着严谨的思路和缜密的推理，根本不是我们臆想出来的蓬头垢面的样子。

人生中，需要整理的东西很多。例如美丽的女孩需要一个干净整洁的衣柜，这样才能随时找到需要穿的衣服，进行更好地搭配；精明强干的男孩需要一张清爽的办公桌，这样才能在工作的时候有好心情，也才能提升工作的效率；爱书的人需要一个整面墙的书柜，这样才能把书籍分门别类放好，在想看的时候去相应的区域找出来，在有时间的时候享受书香，感受文字的魅力，与那些名家大师进行心灵的交融与碰撞……当我们习惯了整洁清爽，我们做任何事情都会更有效率，这一点是毋庸置疑的。如果你还在坚持凌乱论，也没关系，不如现在就尝试着整理，相信你最终一定会对整理带来的好处感到惊喜！

## 有些事无须事必躬亲

在这个世界上，存在很多不公平，如果一定要说有绝对的公平存在，那就是时间对于每个人的公平。时间对于任何人都从来不偏不倚，它不在乎一个人的身份地位，不在乎一个人是好人还是坏人，也不在乎一个人是年幼还是老迈，而是对所有人都一视同仁，给予人们同样多的时间。为此，对于每个人而言，时间都是有限的，精力也并非用不完。要想获得成功，就要合理安排时间，就要更有效率地努力，而不要把宝贵的时间白白浪费掉，使其一去不返。

现实生活中，总有很多人说自己没有时间、时间不够用，无法做更多的事情。那么请问，为何有些人成就比你们更大、工作任务比你们更加繁重，也有老有小需要去照顾，却能活得比你从容呢？原因不在于他们有着三头六臂，也不在于他们比你们拥有更多的时间，而只是因为他们很善于安排和分配时间，也能够把各种繁杂的事物都妥善处理好。人生中的很多事情，我们必须自己去做，除了亲力亲为之外，没有任何人可以代替我们。与此恰恰相反，有些事情则根本不需要我们亲自去做，那么就可以请人代劳，或者付出代价换取他人的劳动，这些都是解决问题的好方式。

最近这段时间，椒盐忙得焦头烂额，原因是她的妈妈突发脑溢血卧床不起，而且情况很严重，而她的爸爸几年前就已经半身不遂，只能勉强自理。在妈妈发病之前，都是妈妈负责照顾爸爸，而如今妈妈不但无法照顾爸爸，自己还需要专人照顾。原本从爸爸妈妈那里得到一套房产，承诺要为爸爸妈妈养老送终的姐姐，突然之间改变了说辞："那房子也有我的钱，爸爸妈妈只出了一少部分钱，你还上大学了呢，花了那么多学费，凭什么必须我来照顾他们？”哪怕椒盐愿意给姐姐出护工费，姐姐都不愿意承担起照顾父母的责任。无奈之下，椒盐动了辞职的念头，但是她已经快五十岁了，再有十几年就可以退休，这个时候放弃工作会给家庭经济带来沉重的负担不说，也可惜了一份好工作。

在妈妈刚发病的一个月里，原本微胖的椒盐瘦了二十斤，一下子就减肥了。因为家里、单位、医院三头跑，再加上守夜，她严重睡眠不足，几次险些晕倒。看到椒盐这样，老公提议：“请个护工吧，照顾病人不是三五天的事情，要做好长期奋战的准备，不能把自己累垮了。”椒盐觉得老公说得很有道理，托人找了一个很不错的护工，自己出一部分钱，从爸爸妈妈的养老金里再出一部分钱，就这样总算渡过了难关。椒盐对护工很好，给护工高薪水，而且逢年过节还给护工买礼品，买衣服。她常说，正是因为有了护工，她才能把这一大家子人都照顾到。

在这个事例中，如果不是护工帮忙分担，椒盐估计早就倒下了。面对姐姐的无情，面对父母的衰老，面对自己的小家，椒盐只能努力协调。幸好，如今社会上的分工越来越精细，只要有活就总有人能干。所以椒盐无需凡事亲力亲为，而是花了些钱解决了一部分问题和重任，让自己能够腾出时间和精力来把整个家庭都照顾好。

俗话说，人生不如意十之八九。在人生的历程中，每个人都会遇到各种不如意的事情，与其一味地抱怨，还不如调整好心态，努力勇敢地面对。当时间和精力有限的时候，就优先做那些重要的事情，把百分之八十的时间用于做百分之二十的事情，从而起到最好的效果。至于那些不重要或者不紧急的事情，如果有人可以替代，就找人分担和替代，如果必须自己亲自做，那就等到处理好重要事情再去做。总而言之，每个人每天只有二十四个小时，每个人只有两只脚、两只手，谁也没有三头六臂。要想可持续发展，就要学会合理分配，这样才能让时间的效力最大化，也才能争取让每一件事情都得到圆满合理的解决。

## 有充足的准备，才能事半功倍

做人虽然不能杞人忧天，却要学会未雨绸缪，即在真正去做一件事情之前，先做好充足的准备，这样一来在真正展开行动的时候提升效率，事半功倍。否则，如果在真正展开行动之前没有做任何准备，只想事到临头再仓促地想办法解决问题，就会导致手足无措，也使得事情办得更加糟糕。

古希腊大名鼎鼎的哲学家苏格拉底曾说，只有经过准备的工作才能进展顺利，只有经过考验的人生才会更加充实厚重。这告诉我们准备的必要性，也告诉我们一个人就算能力再强，也不要大言不惭，觉得自己什么都能做到最好。尤其是在现代社会，并不倡导个人英雄主义，是因为各个行业的分工越来越密切，也是因为每个人都术业有专攻。所以准备不但包括自身要把各种事情都未雨绸缪做在前面，也包括和团队成员之间的沟通、操练。只有让准备面面俱到，足够充分，到了关键时刻才能从容应对，获得进步和成功。

小薇和小蕾结伴去泰山旅行，她们都是不折不扣的摄影爱好者，为此开始筹备泰山之行的时候，就都跃跃欲试想要拍摄到泰山上太阳升起时的壮观景色。很快，登顶泰山的日子到了，她们从前一天晚上就开始登山，哪怕累得精疲力尽，一旦想到在泰山顶上看日出，就又精神抖擞，继续出发。最终，她们三点多就到了泰山顶。根据有经验的导游说，日出时间大概在四点多接近五点的时候，为此到了泰山顶，小蕾赶紧开始调试相机，架设三脚架等专业的摄影器材。而小薇呢，却忙着搭帐篷，因为此时此刻她只想在帐篷里裹着睡袋躺下，好好休息一会儿。她暗暗想道：“我做事情很迅速，只有小蕾这样的慢性子才需要提前一个多小时准备，我等到太阳升起前十几分钟开始准备摄影器材就好。”

就这样，当小蕾在忙碌的时候，小薇搭好了帐篷，躺在帐篷里不亦乐乎。正当小薇在安然享受的时候，突然有人喊道：“太阳出来了！”小薇赶紧拿着相机窜出帐篷想要抓拍，然而等到她做好准备的时候，太阳已经被乌云遮挡起来了，她反而因为忙着做准备导致连亲眼欣赏初升太阳的机会都错过了。小薇沮丧极了，小蕾对小薇说："小薇，凡事都要早做准备，而且要准备充分，才能抓住转瞬即逝的好机会。你错过了日出，我们只能在山上多住一个晚上了！"听到小蕾的话，小薇感动地说："小蕾，你真好，我这次一定早做准备。"

俗话说，机会总是留给有准备的人，而对于没有准备的人来说，就只能眼睁睁地看着机会从眼前溜走，却无能为力。

现实生活中，我们常常羡慕他人很幸运，却不知道他们为了变得幸运，付出了多少艰辛和努力。

在初中阶段，我们就会学到一篇关于统筹的课文，作者是科学家竺可桢。通过这篇课文，对于如何统筹安排节省时间，我们会有初步的了解。而要想通过计划节省时间，我们就要进行充足的准备，更要未雨绸缪提前做好突发情况的应对计划。

伟大的林语堂大师从来不做没有准备的事情，虽然他出口成章，完全有即兴演讲的水平，但是他从不即兴演讲。记住，不管时间多么紧张，对于做事情有多大的把握，都必须不能省略准备的过程。

没有人喜欢应对突发情况，更没有人喜欢手足无措的感觉，只有未雨绸缪才能防患于未然，也只有未雨绸缪才能更加圆满地完成各种事情，让结果更好。

## 你浪费的不是别人的时间，而是自己的生命

在幼儿园阶段，我们就被父母教导要珍惜时间，加快速度做好各种事情。然而，小时候因为年纪小，能力有限，所以对于很多事情都无法做得让父母满意。等到长大了，能力增强，却又在不知不觉间染上了拖延的坏习惯，对于很多事情总是想拖延，非要等到最后一刻才去做。不得不说，这是非常糟糕的行为和表现，也会大大降低做事情的效率和获得成功的可能性。虽然人人都对珍惜时间耳熟能详，但是真正能够做到珍惜时间的人却少之又少。认真想来，人人都难免会浪费时间，毕竟人生不可能像冲锋打仗那样争分夺秒，但是避免浪费时间却是可以实现的。很多年轻人以年轻作为资本，总是肆无忌惮地挥霍时间，还自诩年轻就是好，殊不知，生命正在他们的挥霍中悄然流逝。

正如大文豪鲁迅先生所说的，时间就像海绵里的水，挤一挤总还是有的。大多数习惯性浪费时间的人，是因为他们根本没有形成珍惜时间的意识，也根本没有树立良好的时间观念，更没有养成珍惜时间的好习惯，所以他们才会任由时间悄然流逝而无所作为，甚至不以为然。当一个人有意识地想要珍惜时间，那么他们就可以做得更好。例如对一个单身汉而言，原本租住在郊区的大房子里，每天上下班路上都需要花费三个小时的时间。那么，能不能把房子租得小一些，租住到距离单位更

近的地方，让自己上下班路上只需要花费一个小时呢？节省出来的这两个小时，是每天都有两个小时，可以做多少事情啊！如果把这两个小时用于看书，一年至少可以看几十本书；如果把这两个小时用于提升自己，就可以上一个培训班，增强自己的工作技能。不要误以为只有金钱才是最宝贵的，对于单身汉而言，正处于自我提升和上进的最佳时期，时间比金钱更为宝贵。

日常生活中，浪费时间的现象之所以这么严重，是因为大多数人并没有意识到自己在浪费时间。例如他们动辄等车半个小时，或者下班之后和同事闲聊一两个小时，或者在中午吃饭之后还要休息一个多小时。在做这些事情的时候，他们觉得理所当然，为此也就没有意识到时间正在悄然流逝，更没有意识到时间的宝贵和值得珍惜。

人生是一场没有归途的旅程，没有人知道自己的人生将会在何时戛然而止，既然如此，就不要肆意浪费时间，而是要把每一天都当成生命中的最后一天对待。有多少年轻人早晨上班，到了单位就打开网页开始浏览无关新闻，或者到了单位才吃早餐，再休息一下，结果一看时间已经十点了。不得不说，一个大好的黄金上午就这样被浪费了。在人多的办公室里，闲聊也是大家都很喜欢做的事情，毕竟和工作相比，闲聊使人觉得轻松，同事们之间还可以沟通感情，可谓是放松的好方式。列举了这么多浪费时间的方式，读者朋友们是否恍然大悟，觉得自己也在浪费时间呢？

现代社会中，有太多的电子工具和通讯工具，为此有很多的时间黑洞，如果没有珍惜时间的良好意识，一不留神就会掉入时间黑洞中。在众多浪费时间的方式中，最常见也最隐蔽的方式，就是朋友圈。如果说办公室里闲聊担心被领导批评，浏览和工作无关的网页害怕被单位的网络监督查到，那么看朋友圈则更加私密。根据某机构调查发现，现在人们每隔六分钟就要看一下手机，打开朋友圈，看朋友的动态，或者发布自己的动态。朋友圈里面有各种各样的信息和新闻，也常常会让时间不知不觉溜走。为此，要想珍惜时间，要想集中注意力工作，就要在专心致志上班的时间段里远离手机。可以把手机调成静音状态放得距离自己远一些，也可以以意志力控制自己非到午饭时间不要拿起手机。最重要的在于，要意识到沉迷于手机是在浪费时间，这样才能端正态度，主动地戒掉随便看手机的坏习惯。可以说，除了微商之外，大多数人在朋友圈里都不会得到太有意义的东西，为此我们不要过于高估朋友圈。换而言之，与其浪费大量时间在朋友圈，还不如调整好心态，在现实生活中与朋友多多相处，沟通和联络感情，这样才能收获真正的友谊。

总之，不要把时间浪费在无聊或者毫无意义的事情上，只有珍惜时间，节约时间，让时间充实度过，我们才能拓宽生命的宽度，让生命更加精彩。

# 人生既要做加法，也要做减法

对于每个人而言，时间都是非常宝贵的，这是因为每个人都只有一次生命，而时间恰恰是组成生命的材料。正如人们常说的，健康的身体是1，其他一切都是0。如果没有1，再多的0也毫无意义，而只有在有1的时候，0才具有意义。健康的身体，正是生命的延续，正是拥有时间财富的表现。否则，一个人已经走到了生命的尽头，如同风中的蜡烛一样随时有可能被吹灭，那么还有什么机会去做自己想做的事情，又有什么可能获得成功呢？

在做很多事情的时候，人们都会计算成本。实际上，真正高昂的成本不是金钱，不是机会，也不是人情，而是时间。遗憾的是，太多人都把金钱作为最高的成本，而忽略了时间成本的投入。曾经有人说，大富豪即使看到地上有钱也不会捡，因为他们在俯下身体捡钱的过程中会创造更多的价值。当然，也许只有那些时间就是金钱的人，对于时间才会有如此深刻的理解，而对于那些觉得浪费时间无所谓的平庸者，他们常常无所事事，有时间去不知道如何去利用。

归根结底，时间是宝贵的，随着生命的流逝，时间变得越来越少，有的人在虚张声势叫嚣时间不够用，而有的人则是真的觉得时间如逝。对于前者而言，需要更加充实地利用时间，对于后者而言，则要做好人生的加减法，这样才能把更多珍贵的时间用于做重要的事情，实现自己的最大价值。

人的一生看似漫长，实则非常短暂。小的时候，我们无忧无虑，随着不断长大，走入了校园，从此就开始了紧张忙碌的学习生活。现代社会竞争非常激烈，压力尤其大，为此每个人要想获得理想的生活，或者在竞争中脱颖而出，必须更加积极主动，争取做到最好。当能力、实力和财力都相差无几的时候，谁能利用好时间、真正把握时间，谁就拥有更大的胜算。这是时间的加法。

那么，时间的减法是什么呢？近些年来，三四十岁的青年人猝死的事件时有发生，他们都是为了生存而拼搏，其中不乏有事业上的佼佼者。遗憾的是，他们只擅长用时间来给人生加分，而忽略了做好时间的减法。他们为了事业拼搏，无形中严重透支时间和精力，也使得健康受到损害。即使在身体敲响警钟的时候，他们也不知道自己到底出了什么问题，而到了生命的最后一刻，他们一定感到非常后悔：为何没有悠着点儿干，把原本的马拉松行程压缩成了百米冲刺，使得人生失去了可持续发展的力量，也让人生戛然而止。人生没有回头路可走，再多遗憾的人生都不可能有重新来过的机会。作为职场上的拼命三郎，在看到这么多猝死的事例之后，还要以没时间为借口来蒙蔽自己吗？

当你忙于工作没时间陪伴孩子，孩子悄然成长，与你非常疏离；当你忙着开拓事业，没有时间回家看望老人的时候，老人已经白发苍苍，甚至在你赶不及到家的时候就已经溘然长逝；当你忙于工作没有时间运动健身的时候，头会晕，胃会疼，身体正在以各种方式提醒你它正在逼近警戒线……人生中，有太多的东西是我们想要的，但是我们不可能一一得到。既然如此，我们就要做好人生的加法，也要做好人生的减法，这样才能适时地给自己设定目标，增加压力，也能在恰到好处的时候给自己降低压力，感受轻松与惬意。俗话说，张弛有度，正是告诉我们不管是拼命工作还是休息都要掌控在合适的限度内。只有这样的合理和节制，才能让事情良性发展，也才能让人生始终得到源源不断的动力。

自然界里有着微妙的平衡，各种生物之间形成了链条，这样才能保持平衡的状态。人生呢，也绝不是一支箭，而是一个微妙的生态系统，人生中各种各样的因素构成了生态系统的平衡，一切才能平稳向前发展。反之，如果这样的平衡没有得以建立，或者在最初建立之后又被打乱，人生就会变得仓促，也会变得无奈。

在很多寻常的家庭里，作为家庭顶梁柱的爸爸总是拼命工作，作为妻子的妈妈看到爸爸这么努力，给家里拿来更多的薪水，也觉得很高兴。然而，他们都忘记了一个事实，即工作是永远做不完，钱也是永远赚不完的。一个家庭需要的是爸爸，是丈夫，是儿子，而不仅仅是更多的钱。悠着点儿，这个词语很形象地告诉我们无论做什么事情都不要那么不计后果，只有想到更多，才能兼顾更多，也只有充实愉快地生活，才是真正的人生赢家。

不可否认的一点是，人生不可能面面俱到。每个人在面对人生的选择题时，都必须学会加法和减法，也都要接受得到和舍弃。科学的时间管理，要求要有专注和全力以赴的状态，也要保证充足的休息和合理的睡眠，唯有如此，才能劳逸结合，张弛有度，也才能获得可持续性发展。很多人都喜欢欣赏盆景，那么就会知道盆景要想成型，必须经过雕琢，只有剪掉那些多余的枝干和根茎，也给予盆景足够的营养，让它长出更多的枝叶，才能最终有好的造型。在人生的前半段，大多数人都忙着做加法，很少有人愿意舍弃。而在人生的后半段，大多数人都应该开始学习做减法，唯有如此才能减轻人生的压力，也才能让人生进退有度，从容大度。

此时此刻，我们不妨问问自己：我想要怎样的人生？我希望从人生中得到什么？我想做怎样的人？我渴望获得怎样的成就？我现在是怎样的人？我要对自己进行怎样的雕琢呢？只有把这些问题都回答出来，也知道自己何时要做加法，何时要做减法，才能让人生更加从容不迫，奋勇向前！

# 第05章 做适合自己的时间计划，别人的计划再好也只作参考

每个人都是极富个性的，同样的道理，每个人的时间计划也都应该从自身的情况出发，符合自己的实际需要，否则会让计划失去意义。在这个一切都很快的时代里，有太多的人喜欢走捷径，为此他们常常会把别人现成的东西拿来借鉴和使用，殊不知，别人的时间计划只能用作参考，而无法对我们起到切实有效的指导作用。

# 把对自己的干扰屏蔽起来

在工作中，每当受到外界的各种干扰而导致不能专心工作时，你一定会有一种冲动，即恨不得把自己与外界隔绝开来，从而消除所有的干扰。然而，在工作过程中，这些干扰并非毫无意义的存在，它们大多数与你的工作相关，为此你无法消除它们，而只能审时度势地降低干扰的程度，或者在必要的时刻屏蔽它们。举例而言，一个职员正在专心致志给客户打电话，正在此时，上司安排他要接待一个临时到访的客户，又有同事求助他帮忙完成一个非常紧急的工作任务。结果，他原计划上午打完五十个电话，却只打了十几个。在把那些干扰自己的事情都做完之后，他还剩下半个小时才到吃午饭的时间，但是他心神涣散，根本无法集中注意力利用好这个半个小时，像没有被干扰之前一样全身心投入，用声音传递给电话线那头的客户友好与热情。

这样的情况很多人在工作过程中都曾经遇到过，那就是专注工作的状态一旦被扰乱，再想恢复很难，而且时间越是短暂，越是不容易全身心投入。既然如此，为何不把干扰项集中到一起完成，而给自己至少是完整的一个小时呢？这样可以有效地提高工作效率，也可以让一切事情进展更加顺利。所以在正式开始工作之前要做好准备，先把零碎且紧急的事情处理好，这样才能降低工作中被干扰的次数，也才能大大提升工作的效率。

对于工作而言，高效率和低效率简直有着天壤之别。高效率地工作，也许处理完所有文件只需要两三个小时，而低效率地工作，很有可能在一天的时间里都无法处理完所有的文件。由此可见，要想按时把文件处理好，我们就要提升效率，专心致志才是王道。每个人都是社会的一员，不管是生活还是工作，都要在人群中，而不可能脱离人群。为此，每个人都无法要求环境完全符合自己的要求，而是要努力调整好自己的心态，从而用好心态来降低干扰，来隔离干扰。唯有内心安静且安然，才能让工作进展顺利。

首先，对于那些电话，如果很重要，就当即回拨过去，如果不重要，就暂时不处理。如果认定是骚扰电话，那么可以将其拉入黑名单，这样一来下次就不会再接到这个电话。很多人一旦听到手机响起，马上就会接听电话。作为销售人员，这么做当然是必须的，但是作为非销售人员，例如老师、编辑等工作，则无需着急接电话。如果已经接了电话，又发现对方不受欢迎，那么可以采取拒人于千里之外的语气说话，相信对方如果识趣，一定会及时挂断电话，避免占用你早上的时间。

其次，对于突发的事情，可以权衡比较，看看这件事情的紧急和重要程度，比起手中正在做的事情，是更紧急更重要，还是没有那么紧急没有那么重要。如果是前者，当然要放下手里的事情马上处理，如果是后者，则可以先完成手里的事情，把突发情况留到后面再解决。

最后，每个人的工作性质都不一样，如果你的工作时间很灵活，也可以自己选择合适的方式工作，又有足够的自制力，那么在有重要工作必须当天上午完成的时候，何不抽出一个上午的时间留在家里安心工作呢？没有干扰的环境对于提升工作的效率有着重要的意义，而我们不能要求每一位同事都配合我们，那么就可以为自己选择和创设更好的环境，或者去咖啡馆也是不错的选择，通常情况下，咖啡馆里上午顾客会比较少，更适合看书和工作。

在职场上，有一种情况是比较尴尬的，那就是干扰来自于上司或者领导。很多职场人对上司和领导怀着敬畏之心，带有盲目的迷信，总觉得上司和领导所说的一切都是对的，所有的安排也都是合理的。其实不然。如果上司和领导干扰了你的正常工作，扰乱了你工作的秩序，你完全可以选择委婉的方式告诉他们你的感受，也可以提出合理的建议。别说是上司和领导了，就算是老板想要下属工作，也必须尊重下属的工作习惯，保证下属的工作效率。毕竟任何事情都需要脚踏实地去做，才能有更好的结果，而不可能只是一蹴而就，更不可能不费吹灰之力就达到让自己满意的结果。为此，我们要有正确的认知，也要端正态度，才能为自己创造良好的工作环境，也才能以高效率的方式保质保量地完成工作，这当然很重要。

## 把毫无意义的文件丢掉

每天早晨去了办公室，如果你有独立的办公室，你会发现办公室里的很多文件上已经覆盖了厚厚的灰尘。如果你只是坐在格子间里，更是会因为空间狭窄，而意识到自己的周围堆满了各种杂物。的确，在很多公司的办公场所里，这样没有意义的文件随处可见，它们在以无声的姿态宣誓着自己的主权，而且还在侵占我们的领地。尤其是在工作接踵而至，让人焦头烂额的时候，我们对于这些文件几乎处于零容忍的状态，但这些垃圾文件仿佛钻入了我们的脑袋里，使我们变得很烦躁。在这种情况下，可以把这些文件作为档案封存到档案室，如果档案室也不愿意接收，那么就将其作为垃圾丢掉。除此之外，没有其他更好的办法可以采用。

在如今这个熙熙攘攘的时代里，除了时间最宝贵，空间也是很宝贵的。无数职场人士拼了命地想要晋升，只是为了有一间属于自己的办公室，只想要赚取更多的钱，为自己购买大房子。从这一点来看，人似乎还没有脱离圈地的动物属性，这是人的本能，也是人的需要。为此，当无地可圈的时候，就要学会整理，把身边无用的文件丢掉，这样才能有更大的空间容纳我们自己。

最近，张伟简直忍无可忍，因为他觉得自己每天都仿佛在垃圾堆里工作。更糟糕的时候，有一天，他因为办公桌上各种文件太多，居然把报表送错了。当领导从他手里接过半年前的业绩报表时，就以奇怪的眼神看着他，似乎他是外星入侵地球的怪物一样。他误以为自己脸上有东西，赶紧用手掌揉搓了一下面部，但是领导的眼神更加犀利，他才胆怯地问："领导，有什么问题吗？"领导似乎正在等着他发问呢，马上声音高八度地说："我要看的是这个月的报表，不是年初的报表。我想，你的眼神不至于这么不好，把8和3都弄混了吧！"

张伟当然知道问题出在哪里，在向领导道歉之后，回到办公的格子间，他就马上放下手里所有的工作，对于堆积如山的各种新旧文件进行整理。对于历史表格，他不知道是否需要保留，为此直接送去档案室，让档案室酌情处理。对于新文件，他也根据轻重缓急的程度进行了归类和排序。当然，办公桌上还有一些无用的信件等，他全都撕碎丢尽了垃圾桶。他还处理了很多自己的小杂物，还把一盆已经泛黄的绿萝也扔掉了。整个中午，他只喝了一杯咖啡，而把所有的时间都用于收拾和整理。旁边的同事一头雾水还以为他辞职走人了呢！他郑重其事宣告："以后，我的办公桌永远都要保持这么干净清爽！"收拾完之后，原本觉得工作千头万绪的张伟心情莫名地好转，而且觉得其实并没有那么多工作等着做，只需要按照顺序认真完成，很快就能归零。至此，他也知道了女朋友为何每次心情不好就会收拾衣柜，在家里进行大扫除，原来外界环境的整洁对于内部心情的调整真的有很大作用。这次荒唐的错误之后，张伟一改常态，总是把工作完成得很好，也最大限度提升工作的效率。

人生总是要把很多事情都进行调整，这样才能保持时时常新。如果总是让自己生活在繁乱和混乱的状态，则不但周围的环境很乱，而且内心也会因此而失去秩序感，做很多事情都会浑浑噩噩。

除了经常整理好办公桌，把不需要用到的文件丢入垃圾桶之外，还有一种方式可以有效保持清爽。那就是及时处理好文件，把该做的事情做好，这样一来就可以及早交差，也就不会因为拖延而让工作堆积如山。总而言之，生活中、工作中，垃圾无处不在，必须及时清理，才能更加精简高效。很多年纪大的人在很长时间内都没有搬家过，为此家里的犄角旮旯里都会保存有很多废弃物，舍不得丢掉。相比起年纪大的人，年轻人——特别是在大城市漂着的年轻人，则因为经常搬家，为此会在每次搬家的时候丢掉那些不必要的杂物，从而让新家更加干净清爽。

人生就像是背着背篓爬山，不可能始终都在捡起石头丢入背篓里，等到爬山进展到一定阶段，累得气喘吁吁时，不如对这些石头进行精简，这样一来，最终保留下那些真正喜欢且无法舍弃的石头，才更加精致，也更加有价值。对待工作和生活，都应该如此，拿得起，放得下，断舍离。

## 当过程变得简单，时间就变得充裕

做事情的时候，如果过程太过于繁琐，必然要耽误很多时间。当然，有的时候过程是不能精简的，那么就要慢工出细活。如果过程中的步骤是可以精简的，则应该尽量简单，因为只有过程变得简单，时间才会更加充裕。所以孩子们要学会精简过程，也要学会合理利用时间。唯有如此，才能节省出更多的时间，提升时间的效率。

遗憾的是，现实生活中有很多人都对于节省金钱有很深刻的意识，但对于节省时间却没有那么端正的观念和态度。为此，很多人都会无形之中浪费时间，虽然嘴上说着时间就是金钱，对待时间的态度却远远不及对待金钱的态度那么认真慎重。大文豪鲁迅先生说，时间是组成生命的材料，浪费别人的时间等于谋财害命。如今，随着珍惜时间的意识越来越强，很多人更加守时，知道珍惜别人的时间，对于自己的时间却依然漫不经心，随意浪费。不得不说，还需要增强时间观念，才能把时间如同海绵里的水一样挤出来，让时间集合起来产生更高的效率，有所收获。

作为一家小企业的老板，马丁发现最近企业经营变得越来越困难，是因为企业的成本增加，而利润并没有水涨船高。马丁常常觉得还没有小规模的时候利润高，这是为什么呢？原来，小规模的时候，马丁事必躬亲，没有把自己当老板，而是和仅有的几个员工一起，承担起繁重的工作任务，对于工作的流程也很大限度地简化。而在公司的发展规模越来越大之后，设置了更多的部门，聘用了更多的员工，看起来每个员工各司其职都能处理好自己的分内之事，但实际上公司运作起来却很冗杂且拖沓，效率也有所降低。最重要的，马丁还要为这些多出来的员工支付工资，提供福利，为此又是一大笔开销。

虽然公司的发展需要扩大规模，不过在规模没有足够大之前，马丁还是决定精简部门和人员，从而让公司运作起来效率更高。在进行大刀阔斧的改革之后，公司果然效率倍增，而且利润也得以提升。

对于一个人而言，时间就是生命，也是金钱，不过与金钱的联系没有那么紧密。但是对于一家企业而言，时间与金钱息息相关，甚至对于时间的利用率直接关系到能否获得更多的回报和高额的利润。为此，任何时候都不对时间视若无睹，任由时间悄然流逝，而是要更加珍惜时间，也给予时间最好的利用，唯有如此，才能让时间的效力最大化，也才能让时间得到更加高效的利用，转化为效率和利益。

如今，企业的结构庞大，但其中有很多机构其实完全没有必要存在，却因为始终存在着而被视为合理，也因此降低了企业的运作效率。这样的企业要想营利很难。同样的道理，很多人在做事情的时候根本没有进行计划，也会因为各种原因而导致过程繁杂，为此导致无用功。也因此，他们会抱怨各种外部的因素，却不知道事情之所以变得如此繁杂，就是因为他们自身没有在做事情之前进行计划，从而精简那些不必要的过程和项目。当然，不管什么时候，改革都是很困难的，需要大刀阔斧，需要痛下决心，这样才能把改革进行彻底。人生就是要断舍离，舍弃那些不需要的杂物和废弃物，也需要有魄力和勇气，精简那些不需要的过程，这样才能让一切都进展顺利，也才能提高人生的效率，让人生变得充实且有意义。从现在开始，就让我们珍惜时间吧，时间是人生最宝贵的财富，也是人生中最不可缺少的资源！

## 制订时间计划表并不像你想象的那么久

俗话说，一年之计在于春，一日之计在于晨。转眼之间，时间流逝，又一年过去，到了国人同庆的春节。这既是对过去一年的总结，也是对即将到来的一年的展望，为此说过年就是辞旧迎新。在新年到来之际，除了要进行庆祝之外，还有一项重要的工作要做，那就是制订计划表。很多人常说，计划没有变化快，实际上这是在给自己找借口混沌度过每一年、每一天。虽然制订了计划表，一切也并不会像我们所期望的那样发展，但是有计划的人生和没有计划的人生是截然不同的。也有的人说制定计划会浪费时间，为此总是争分夺秒地瞎忙，结果忙忙碌碌很久，却没有收获，不得不说，这样的忙碌才是浪费时间，也才会让我们变得更加被动和无奈。

古人云，凡事预则立，不预则废。所谓计划就是在预备。只有在计划的指引下，一切才能按部就班进行，也只有在计划的指引下，凡事才能有更大的进步和更好的发展。为此，我们完全有必要花费时间制订计划。对于一年的计划而言，因为时间跨度比较大，所以是需要好好琢磨和用心安排的，因而需要花费更多的时间。除了以年为单位的时间计划之外，还可以进行每个月、每周，甚至每天的时间计划。时间计划涵盖的时间越是短暂，制定计划需要花费的时间也就更少。如果制订一天的时间计划，其实在经过一段时间的坚持练习之后，只需要短暂的时间就能完成，例如十分钟。

在职场上，总有些人每天都风风火火，把工作安排得有条不紊，不到下班的时间就已经完成了所有的工作。而有些人呢，看起来恹恹欲睡，也非常忙碌，却常常陷入混乱之中，捡起芝麻丢了西瓜，结果导致在无比忙乱的一天之后，非但没有完成所有的工作，自己也会觉得很空虚和挫败。他们之间的区别在于哪里呢？就在于前者有计划，而后者没有计划。由此可见，是否有计划决定了做事情的效率，甚至影响到做事情的收获和结果。

俗话说，磨刀不误砍柴工。如果为了节省时间在上山砍柴之前不磨刀，则砍柴的速度就会很慢。如果能花费时间磨刀，那么砍柴的速度会很快，而且效率也会很高，虽然因为磨刀上山时间晚了一会儿，但是收获却不少。制定每日计划，也正是起到这样的作用和效果，对于帮助人们提升工作的效率，高效完成工作，收获成果，有至关重要的决定作用。不要舍不得付出这十分钟的时间制定计划，而是要整理清楚做事情的顺序，才能让人生有更好的发展和成长。

作为一家公司的老总，随着公司的发展，强盛越来越觉得自己管理公司非常吃力，而且做很多事情的时候都力不从心。如何才能让自己真正肩负起管理公司的重任，也提升管理的效率呢？强盛专门咨询了一位效率专家。效率专家听到强盛的描述之后，当即知道强盛的问题所在，胸有成竹对强盛说："只需要十分钟，我就可以为你提供解决问题的方案。"强盛大喜过望。

效率专家拿出一张白纸，对强盛说："现在，请在这张纸上写下你明天必须做的事情，按照轻重缓解去写，把最重要且最紧急的事情写在前面，其他的事情根据重要紧急的程度依次去写。"强盛沉思片刻，大笔一挥，只用了几分钟的时间就写下了十几件事情。他愁眉苦脸对效率专家说："看看吧，我每天都有这么多事情需要处理，简直焦头烂额。"效率专家说："明天，你就按照这样顺序去做好每一件事情，下班的时候给我打电话。"虽然对于效率专家的解决方法如此简单而心怀疑虑，但他还是拿着这张纸离开了。

次日，他严格按照自己这张纸上的列举事项去做，一件事情又一件事情，结果在做完最重要的几件事情之后，他觉得内心很轻松，再做剩下的事情时，丝毫不觉得累。在此期间，他还处理了一件突发的事情，只用了短暂的时间。结果，才到下午四点半，强盛就处理完所有的事情，早早地给效率专家打电话。效率专家安排强盛："现在请再花费十分钟的时间像昨天一样写下你明天要做的事情，记得按照轻重缓解去写。"就这样，强盛的工作效率越来越高，每天都能把事情提前完成。到了月末，效率专家提醒强盛："一个月结束了，马上要开始新的月份。你可以用半个小时的时间制订月计划，等到年底的时候，在总结一年的收获之后，也可以用一两个小时的时间制订年度计划。总而言之，要有计划，把那些看似千头万绪的事情按顺序完成，一步一个脚印踏踏实实去走，你会发现可以走过很远，最终到达目的地。"强盛恍然大悟，他不但自己坚持制订计划，而且号召下属们也都制订计划。让他惊奇的是，在半年的时间里，大家的工作效率都大大提升，整个公司的运转也变得快速高效，实现了更大的营利。

仅仅需要十分钟制订计划，就会让我们在一天的时间里秩序井然，把每件事情都做得更好。任何时候，都不要为了节省时间而放弃制订计划，只有把时间更好地利用起来，才会有更高的效率，也才能在花费同样时间的情况下，获得更多的收获，取得更伟大的成就。

做任何事情，都不要本末倒置，只有把事情的顺序整理清楚，才能秩序井然，事半功倍。否则总是颠三倒四，效率低下，如何能够高效地完成各种事情呢？一个人只有成为时间的主宰者和驾驭者，才能真正把握生命的脉搏，才能让时间得到最好的呈现，实现最大的价值。从现在开始，不要再抱怨自己时间不够用，而是要好好地利用时间。没有人知道生命到底有多长，为了让生命更加充实精彩，就只能拓宽生命的宽度，利用好生命中的每一分每一秒，这样才能让人生的河流更加宽阔，也才能在人生之中有更多的收获和得到。

## 保证有效推进时间计划

前文说过，要想高效利用时间，珍惜每一分每一秒的时间，就要制订计划，把很多事情在还没有开始做之前，就整理好顺序，这样才能保证把事情合理有序推进。然而，制订计划还只是美好的愿景，真正能够帮助人们提升效率、珍惜时光的行为在于，有效推进计划。俗话说，有志者立志长，无志者长立志。这就告诉我们有计划只是第一步，最为重要的在于执行计划，把计划变成现实，这样才能把计划的效用最大化，也才能让生命的时光变得更加充实和美满。

当然，执行计划并不像制订计划那么容易，如果说制订每天的计划需要十分钟的时间，那么执行每天的计划至少需要一天的时间。如果说制订每年的计划需要几个小时，那么执行一年的计划则需要一整年的时间。执行计划要求我们必须有很强的自控能力，也可以在处理很多事情、做出决断的时候始终坚持初心。毋庸置疑，在执行计划的过程中，一定会遇到各种困难，这个时候如果总是被困难限制住，就会导致对于计划的执行非常艰难，甚至导致半途而废。只有不遗余力地排除万难，才能让计划不断推进，也才能持续完善计划，从而让计划变得更加合理且有效。记住，计划绝不是轻松就能实现的，要做好长期奋战的准备，才能因为执行计划而看到结果，也才能因为坚持计划而看到希望和光芒。

具体而言，如何做才能保证计划执行呢？首先，在制订计划的时候，要坚持原则，不要总是退却。理想总是丰满的，现实总是骨感的，很多人在制订计划的时候怀着雄心壮志，而一旦真的要执行计划，就会被困难吓倒。要有排除万难的精神，才能不怕困难，坚持执行计划。

其次，要摒弃杂念，心无旁骛、专心致志地投入于工作中。很多人都会有这样的感触，即在工作的时候，是否用心和全神贯注，对于工作效率的影响很大。每个人都要真正执行计划，才能在成长的道路上不断进取，也才能保证效率。如果总是三心二意，就像小猫钓鱼一样总是被其他的事情吸引注意力，时不时地就中断工作，则会导致效率低下，虽然花费了很多的时间，但是做事情却没有效果。为此，我们一定要更加集中精神，才能让很多事情都向前发展，快速推进。

再次，工作一定要连贯，而不要总是中断。试问，一个人如果每次工作十分钟，工作了六次，和一个每次全身心投入工作一个小时的人相比，他们俩谁的工作效率更高？当然是后者。为此不要把工作的时间分配得鸡零狗碎，而是要坚持努力工作，坚持留下大段的时间工作，这样才能全神贯注，把整个身心都投入到工作中，从而有更高的效率和更多的收获。

最后，制订计划之后，要坚持原则，不要轻易改动，只有在必要的情况下才根据现实有的放矢地完善计划。否则一旦随意改动计划成为习惯，那么计划也就会变得形同虚设。总而言之，计划就是用来指导工作，保证时间安排的。真正有效的计划会保证工作的秩序，也会让工作井然有序向前推进。此外在推进计划的过程中，还要密切关注计划的进展情况，这样才能与时俱进，及时调整和完善计划，使得计划得到更好的贯彻与执行。有很多朋友都有记录的好习惯，有人为了省钱而记账，约束自己花费太多金钱，有人为了珍惜时间也记账，这是因为时间和金钱相比更加珍贵，而且是在不断消耗的。只有端正态度，把时间看得弥足珍贵，才能摆正心态，珍惜每一分每一秒的时间。

当一些事情导致计划暂时被打乱，最好的做法不是更改计划，而是利用计划之外的休息时间来追赶计划进度。这样一来，计划才会更加神圣不可侵犯，我们也才会更加郑重其事地执行计划。如果因为计划没有得到执行而承受损失，我们要更多地反思自身的原因，而不要觉得计划夭折都是因为外部原因导致的。总之，执行计划从来不是简单容易的事情，我们必须有坚定不移的决心和顽强不屈的毅力，才能排除万难，最终把计划变成切实的行动，让所希望得到的结果变成真正的现实。

# 第06章 不是时间不够用，只是你缺少一颗想把事做好的心

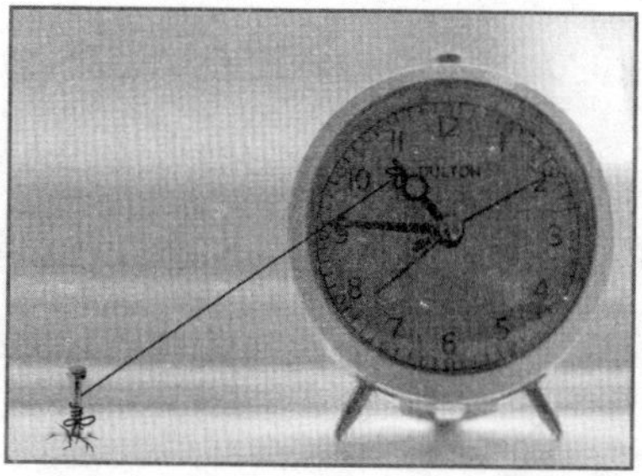

现实生活中，有太多的人抱怨时间不够用，甚至因此而变得自暴自弃，觉得命运对自己不公平。尤其是在看到别人把事情做得很好时，他们更是会感到紧张焦虑。其实，每个人都能把事情做好，最重要的在于要更加用心，也要全力以赴。正如一句网红语所说的，当你知道自己想去哪里，全世界都会为你让路。由此可见，要想创造生命的奇迹，我们就要知道自己想得到什么，也要明确自己想收获怎样的人生。

## 当你把事情看得重要，它就会有好结果

如何才能让事情获得好结果呢？很多人对此都怀有疑惑，也不知道应该如何解决问题。实际上，事情的好结果并非凭空得来的，而是因为做事情的人非常努力和用心，也把自己正在做的事情看得非常重要。很多事情不是因为做事情的人本身能力有问题，而是态度起到很大的决定作用。只有把事情看得更重要，也相信自己一定会有所成就，事情才会有更好的结果值得期待。

正如大家所说的，态度决定一切，为此一定要端正态度。世界上所有的事情最怕认真二字，只有足够认真，也真心诚意想要把一切做好，才能有做好的成长。否则，如果总是感到内心胆怯，也总是不相信自己，则即使具备很好的外部条件，也不可能有更多的成长。为此，我们一定要更加全力以赴做好很多事情。对于每个人而言，最难的不是做好一件事情，而是坚持把每件事情都做好，为此我们要有持之以恒的精神，才能最终收获好结果，才能把事情不断推进。

结婚生孩子之后，玛丽觉得自己越来越胖了，一年之中居然长了二十多斤肉，原本纤细苗条的身材先是进入微胖界，后来真正变成了肥胖。为此，玛丽一直都在说服自己要努力减

肥，还无数次立志要去跑步。第一天，她贪睡，对自己说："哎呀，今天这么冷，还有雾，我还是再睡个早觉，反正减肥也不急于这一天。"次日，玛丽依然贪睡，对自己说："昨晚睡得那么晚，再起得这么早，一定会有黑眼圈的！"第三天，玛丽还是赖在温暖的被窝里不愿意起来，说："哎呀，简直太糟糕了，明天假期就要结束了，我一定要再睡最后一个懒觉，等到上班的时候再早起半个小时锻炼……"就这样，日复一日，年复一年，玛丽变得更臃肿了，而她跑步减肥的计划从来没有一日得以执行。

在这个事例中，玛丽是没有能力跑步，或者觉得自己不需要运动健身吗？都不是，她明明知道自己越来越胖需要好好锻炼，也知道自己可以跑步，但是却迟迟不愿意真正早起跑步，就是因为她态度不端正，没有把跑步提升到重要的地位上。为此，她才会不断地拖延，也才会变得越来越胖。任何事情，有再好的计划也没有实际意义，只有把计划变成现实，排除万难坚持计划，才能距离成功越来越近。

现实生活中，很多事情看起来很容易做到，但是真正能坚持去做的人少之又少，甚至有些人从未做过。不得不说，这是因为态度不端正导致的行为懈怠，根本原因不在于懒惰，而在于我们要当机立断展开行动，也要对于该做的事情更加重视。家里的地有多长时间没有拖了？洗衣机里的脏衣服已经积攒多久了？办公室里堆积如山的文件上落满灰尘，你有几次都说要整理这些文件了？这么多的事情都是举手之劳就能做到的，偏偏却被无限地拖延。人生经不起等待。古人云，树欲静而风不止，子欲养而亲不待。在不知不觉间，父母就已经白发苍苍，后背也弯曲了，而我们却还一次又一次地欺骗自己："等赚了更多的钱就回家看看！"也许，无数次的设想会变成人生最大的遗憾，因为你再也没有机会在父母膝下承欢，你再也没有机会去陪伴孩子成长。是时候该端正态度，对于人生有更加正确的认知，也产生急迫感了。唯有如此，我们才会当即展开行动，做该做的事情，也才能最大限度激发自身的潜能，让自己在人生的道路上不忘初心，砥砺前行。

也许很多事情都是有难度的，因为这个世界上从未有一蹴而就的成功，为此要想获得理想中的结果总是要付出更多，也要更长久地坚持。但是，没有任何理由可以阻挡我们前进的脚步，不经历风雨怎能见彩虹，没有人能随随便便成功。既然如此，我们就要当机立断展开行动，也要坚信只要努力，就总能守得云开见月明，也就总能让人生绚烂绽放，充实圆满。

## 今天的努力，是为了来日的腾飞

很多时候，我们只能看到他人的光鲜亮丽，为此盲目地羡慕他人，怨声载道，觉得自己没有得到命运的善待。实际上，命运对于每个人都是公平的，在给一个人关上一扇门的同时，也会给这个人打开一扇窗。与其浪费宝贵的生命光阴去抱怨，不如有的放矢去努力，目标明确，全力以赴，坚持不懈。要相信“只要功夫深铁杵磨成针”，也要相信“山重水复疑无路，柳暗花明又一村”，还要相信“阳光总在风雨后”。古今中外，无数成功者之所以能获得成功，并不是因为他们有好运气，或者得到了命运的青睐，或者得到了贵人的相助，而是因为他们能够胜不骄败不馁，始终坚持到底。正如人们常说的，笑到最后的人才笑得最好，为此，我们一定要更加努力，坚持笑到最后。

在物理学领域有一个定理，即量变引起质变。在心理学领域也有一个类似的成功定律，就是一万小时定律。所谓一万小时定律，也就是成功定律，告诉人们只要坚持做一件事情一万小时，就能有所收获，甚至还能获得成功。当然，这里所说的一万小时并非是精确的数字，有的人从事自己擅长的事情，也许不到一万小时就能成功，而有的人从事自己不擅长的事情，也许需要两万小时、三万小时才能成功。但是有一点是可以肯定的，那就是人人都要经过坚持不懈的努力才能距离成功越来越近，否则就会被成功抛弃。由此可见，努力非常重要。

有人说，一分耕耘一分收获，这无形中给我们带来了很多的困惑，也形成了误解，觉得只要努力就必须有收获。实际上，努力了未必有收获，或者是因为努力的方向不对，或者是因为努力的程度还不够，也或者是因为坚持努力的时间不足。总而言之，努力了未必马上就会有收获，但是在时间的浇灌下，努力最终会开花结果。任何时候，都不要被努力蒙蔽自己的眼睛，而是要始终保持内心的淡然，这样才能不忘初心，砥砺前行。不管外部世界如何改变，我们都要坚定不移做好自己，这样才能始终从容不迫，走好属于自己的人生之路，也才能在成长的道路上突破万难，直奔成功而去。

大学毕业后，小罗背起行囊来到北京打拼，住在潮湿昏暗的地下室，且不说生活条件很差，就连手机都没有信号。每天回到家里之后，因为担心接不到单位领导的电话，小罗只能把手机放在窗台上，时不时地就要去看看有没有漏接的电话。因为是做销售工作的，小罗不止一次错过重要客户的电话，也因此而失去了订单。

有一天清晨，小罗从睡梦中醒来。看了一眼手机，发现居然有好几个未接电话，而且都是主管打过来的。为此，他赶紧把电话回过去，主管怒气冲冲地说："小罗，我不管你是否有钱，马上给我换个地方住，否则你就会被开除。这是我给你打电话，如果是客户呢？你觉得客户会有耐心给你打好几个电话吗？你觉得客户还会等着你回电话吗？错过一个订单是多少钱，你大概没算过这笔账。"这件事情让一直想要改善生活条件却又不舍得花钱的小罗终于痛下决心，选择换房，住到地上去。换了房子的小罗只剩下吃馒头咸菜的钱，但是看着宽敞明亮的房间，他觉得心花怒放。从此之后，他上班都似乎有了更大的自信，心情也好起来。他督促自己努力挣钱，渐渐地业绩越做越好，后来他还换了一部新手机，变得更加自信和强大。

正如主管所说的，如果一直住在没有信号的地下室，小罗根本没有办法继续做业务。小罗自己也意识到这个问题的严重性，为此选择花费更多的钱为自己换一个住处，从而督促自己更加努力拼搏，把工作完成得更好。正如人们常说的，压力就是动力。看来有的时候我们真的要给自己更多的压力，才能督促自己不断地努力向前，获得前进的动力，也收获更多成长。

当看到别人活得潇洒从容，也收获掌声、鲜花和荣誉的时候，不要觉得愤愤不平，而是要相信我们只要努力，同样可以获得属于自己的成功。此时此刻，最需要的不是羡慕，更不是抱怨，而是当机立断开始努力，给予自己的人生更多的希望和可能性。

生活是那么现实，现实得冷漠，且带有一丝丝残酷。为了拥有更好的人生，为了让自己能够对于生活有更多的选择权，我们唯一能做的就是努力。也许有些朋友觉得努力无关紧要，甚至认为既然努力了也没有收获，还不如就这样不努力呢！其实不然。努力了未必有收获，但是如果不努力，定会毫无所获。为此，更重要的是坚持努力，创造奇迹。记住，努力不是人生的备选项，而是人生的必选项。每个人在这个世界上生存，都不得不努力，才能让自己获得更加精彩和骄傲！

## 别人在光鲜亮丽背后，吃尽了你想不到的苦

一直以来，大多数人都羡慕别人成功，却很少有人羡慕别人吃苦的。的确，人都是趋利避害、好逸恶劳的，没有人愿意吃苦，而都想让自己拥有更多，享受更多。殊不知，在这个世界上命运总是公平的，一个人即使再幸运也不会生而就有一切，即使是那些富二代官二代，也有自己的烦恼，也必须非常努力才能把从父母那里得到的优势继续发扬光大。否则，一旦他们成为败家子，或者丝毫不愿意努力，那么他们就会在人生中走向下坡路，也会变得非常被动和无奈。

在这个世界上，有谁不曾吃苦呢？正如一位名人所说的，苦难是人生最好的学校，也只有吃过苦的人，才能在人生之中有更好的表现，有更快的成长。吃苦，是为了有朝一日能够潇洒做自己，是为了能够享福。有的时候，看到别人光鲜亮丽，我们总是羡慕不已，却不知道别人在获得成功之前吃了多少苦。也可以说，只有真正善于吃苦的人才能在人生之中出人头地，有更加精彩的人生表现和更加丰富的人生收获。而一个不努力不吃苦的人，缺乏对人生的主动态度，渐渐地会被残酷的生活逼到死角，就连转身的余地都没有。由此可见，该吃苦时就吃苦，人生只有经历更多的苦难，才能变得丰实厚重，才能变得更加圆满。

大学毕业后，李静就嫁给了现在的老公王刚，王刚和她

是大学同学，所以整个班级的同学都参加了他们的婚礼，作为他们爱情和幸福的见证人。王刚是个富二代，女同学们看到李静一毕业就成为豪门阔太，过着相夫教子的生活，全都羡慕不已。然而，在毕业五年的聚会上，王刚并没有出现，只有李静出席。一开始，大家以为王刚忙于工作没时间参加同学聚会，没想到酒过三巡李静突然趴在桌子上哭起来。这时，大家才知道王刚出轨了。大家都惊讶极了，这可不是爱情的样子，而且他们的孩子才两岁，为何就会相看两厌呢？很多性格要强的女同学都劝说李静离婚："别怕，你结婚早，现在也不过就二十七八岁，正值人生好光景呢！看看我们，不是都还没结婚呢么，所以你就算离婚重来也不会掉队，完全赶得上。"李静迟疑地说："我从毕业就没有工作，一直留在家里，什么事情都不会做。我想，我还是观察一下，看看王刚能否和那个不要脸的女人断了关系吧！"

看着曾经的好朋友赵娜如今在外企工作，李静羡慕不已："赵娜，你可真好，自己就能赚到很高的薪水，而且在外企工作，遇到的都是精英。"赵娜说："哎，我也是苦尽甘来，当初考研读研可是被扒掉一层皮，现在终于找到了用武之地，也让我觉得所有的付出都是值得的。"李静沉默不语。

原本，作为同学，大家都在同一个起跑线上，遗憾的是，李静却因为嫁给了所谓的爱情迷失了自己，不但没有工作，就连独立生存都做不到。其实，那些劝说她离婚的女同学也是好意，毕竟趁着年轻还能开始新的生活，如果这样度过大半生，只怕离婚之后会更加凄凉。李静羡慕赵娜的好生活，却不知道赵娜为了考研吃了多少苦头，也进行了怎样的坚持。在这个世界上，成功不会一蹴而就，午餐更不会从天而降，每个人都要对自己有客观公正的认知，这样才能最大限度激发自身的能量，让自己变得更加强大。

很多年轻人都抱怨生存艰难，也抱怨自己没有马云当爸爸。的确，我们没有办法选择马云当爸爸，但是我们却有机会让自己成为马云爸爸。与其把生命的希望都寄托在他人身上，不如调整好自己的心态，有的放矢做好自己该做的事情，这样才能集中生命的力量，绽放生命的光彩。

## 想做一件事情，总有时间

现实生活中，很多人都会抱怨时间不够用，觉得自己没有时间去做那么多事情。实际上，只要真的想做，人生何时开始都不算完。最重要的在于，我们一定要有信心，也要坚持把事情做到最好，这才是最关键的。否则总觉得人生迟了，就什么也不去做，则只会彻底失去机会，连失败也变得不可能。

真正想做一件事情，总有时间去完成，这是毋庸置疑的。有些人很杞人忧天，总是会未雨绸缪想到很多的事情还没有完成，也会因此而觉得时间很珍贵。其实，不管什么事情都要争取做到最好，否则就会在成长过程中迷失，也会因此而变得颓废沮丧。尤其是要有开始，如果没有开始，再好的设想也会变成空想，而且还会眼睁睁看着眼前的机会溜走。

在美国，摩西奶奶只是一个普通的农妇。她是家庭里十个子女之一，为此在稍微长大一些之后就去做工帮助家里。后来结婚生子，和父母一样在一生之中养育了十个孩子。摩西奶奶特别喜欢刺绣，但是到了七十多岁后，她因为身体患病，不能刺绣。这个时候，有个女儿提醒摩西奶奶："妈妈，你不是很爱绘画吗？既然不能刺绣了，何不绘画呢？"在女儿的启发下，摩西奶奶当即拿起画笔开始绘画。

一开始，她把画寄存在村子里的小卖部里售卖，后来有个收藏家看到摩西奶奶的画，就把所有画都买了下来。这位收藏家开画展的时候，有很多人都看到了摩西奶奶的画，而且愿意出高价购买。从此之后，摩西奶奶声名大振，而且绘画作品也越来越好。摩西奶奶虽然七十六岁才开始作画，但是她是一个高产的作家，一生之中绘画无数，还开了很多次画展。全世界的人都知道摩西奶奶的大名，也都非常钦佩摩西奶奶。

如果摩西奶奶可以以七十六岁的高龄拿起画笔，成为受人欢迎的画家，我们还有什么理由觉得自己年纪大了，时间不够用，因而对于想做的事情总是耽搁下来，不愿意去做呢？最重要的在于，要真心想去做，这样才能挤出来时间，也才能把很多事情做得更好。

人生，何时开始都不晚，对于想做的事情就不会觉得艰难。如今有很多年轻人动辄就说自己没时间，哪怕是面对人生中必须做的正事，他们也常常以没有时间为借口进行搪塞。这让人忍不住要问：你有时间刷微信，却没有时间读书吗？你有时间看韩剧，却不能把宝贵的时间用来复习，准备考研吗？你有时间在淘宝上买各种各样的东西，其中有很多东西还是无用的，就没有时间多多陪伴孩子和父母吗？你有时间哀叹，感慨人生的光阴易逝，就没有时间切实去做一些事情吗？

大文豪鲁迅先生说，时间就像海绵里的水，挤一挤总还是有的。既然如此，不要再抱怨，不要再迟疑，当你真的想做一件事情，就要当机立断开始努力去做，这样才能最大限度激发自身的力量，让自己在为人处世方面有更好的成长和更加快乐的发展。时间对于每个人都是公平的，之所以有些人能够把握时间把事情做得更好，而有些人只会在时间的流逝中犹豫彷徨，导致很多时候眼睁睁地看着机会溜走，只是因为他们的信心不够，也没有当机立断去抓住该抓住的机会和时间。

# 穷人永远缺少发家致富的野心

在西方国家，有一个年轻人非常贫穷。为了改变命运，他吃了很多苦头，也进行了无数次尝试，最终才成为大富翁。在离开人世的时候，大富翁留给世人一个谜题：和富人相比，穷人到底缺少什么？在他去世之后，律师根据他的委托把这个谜题公布于众。富翁留下了高额奖金给猜中谜底的人，为此很多人看到谜题都赶紧写信说出自己心中的答案，信件如同雪片一样纷至沓来。公布谜底的日子到了，律师和公证处的人一起打开富翁的保险箱，告诉大家答案：野心。在诸多的来信中，有个十几岁的女孩猜中了答案。有人询问女孩："你是如何知道答案的呢？"女孩笑着说："每次姐姐带着她的男朋友回家来，看到我在看他们，总是恶狠狠地对我说'不要有野心'。我想，野心一定是个很可怕也很厉害的东西吧！"

和富人相比，穷人到底缺少什么呢？正是野心。没有野心的穷人总是甘于贫穷，他们从未产生过要改变生活的想法，为此按部就班地生活。正是在这样数十年如一日的生活中，他们过完了贫穷的一生。上述故事中的的大富翁年轻时也很贫穷，之所以能够改变贫穷，就是因为他有一颗不甘于贫穷的心，始终都在想方设法发家致富，所以最终他才能如愿以偿成为富翁。

人生，从来没有应该的样子，每个人拥有怎样的一生，并非取决于命运，而是取决于他们如何面对人生。为此，对于人生中的各种经历和遭遇，我们一定不要觉得无路可走，哪怕身处绝境，心底里也依然要有希望，这样才能激发自己所有的潜能，让自己无所不能，勇往直前。人生从未有回头路可以走，只有不断地努力，持续地进步，才能在成长的道路上坚持进取，才能在未来的日子里更加果断前行。任何时候，都不要被贫穷击垮，人有可能穷一时，却不可能穷一辈子。最重要的在于要拼尽全力争取改变人生，这样未来才会更加指日可待。

来大学报到之前，父母几乎借遍了所有的亲戚邻居和乡亲们，才给刘强凑够了第一个学期的学费和住宿费。在刘强离开家的时候，父母告诉刘强："娃，要是去了学校有挣钱的机会，学完习就去挣钱，不然明年就没有学费了。"其实父母不知道，刘强不但明年没学费，而且在交完这次的学费和住宿费之后，只能剩下四百元钱吃一个学期。刘强一去学校就看了食堂里的价格表，发现就算每天都是馒头咸菜，也根本不可能坚持一个学期。第一个月，他对哪里都不熟悉，就这样省吃俭用度过。第二个月，他看着口袋里的钱越来越少，决定要努力挣钱，再也不能坐吃山空。

他在学校食堂里勤工俭学，还在校外兼职了一份家教的工作。但是，这些钱只够维持他的生活和学习开销，明年的学费怎么办呢？有一天，刘强在经过学校里的公告栏时，看到有很多同学张贴了求职等信息。刘强脑中灵光一闪："现在虽然有快递，但都是针对校外的，没有针对校园里的。如果我能代跑腿，是不是也会有生意呢？"这么想着，刘强用身上仅剩的几百元钱，去给自己买了一个二手的手机，而且买了一大包纸和双面胶。他在纸上写着："代跑腿服务，校内每次一元钱，校外两公里内，每次两元钱。"让刘强惊喜的是，广告才张贴出去一天，他就接到了人生之中的第一笔业务。

高年级的一个同学因为下雪不想出宿舍，所以让刘强帮他去校外买一份快餐。刘强接到电话就风驰电掣般地跑出去，很快把热乎乎的饭菜送到师哥的宿舍，拿到了第一笔佣金——两元钱。他暗暗想道："够我吃顿饭了，真好！"随着时间的流逝，刘强的生意越来越好，尤其到了周末的时候，刘强每天都会接到几十个订单。一个人忙不过来，他就招募了几个和自己一样的特困生，把业务分给他们做。一个学期下来，刘强不但攒够了明年的学费，还多出来一千多元钱。春节回家，他给了父母一千块钱。父母很惊讶："娃，你哪里来的这么多钱？可不能做违法乱纪的事情！"刘强拍着胸脯向着爸爸妈妈保证："放心吧，我做的都是好事。"大学四年，很多同学养尊处优，刘强不但学业优秀，而且还成立了属于自己的公司，主要为同学们服务。他的业务范围越来越广，他的奔跑速度越来越快，虽然他现在不用自己亲自代跑腿，但是他知道要想改变穷困的命运，就必须快，更快！

如果不是因为生活所迫，也许刘强会和其他同学一样花着家里给的钱，安然地读书，还有大量的时间可以和同学们一起玩，娱乐休闲。然而，刘强必须先解决温饱问题，当人被逼到一定的份上，什么能做的都做，而且还能做得很好。

作为穷人，一定要有野心改变命运，才能真正驾驭人生。如果总是在与命运博弈的过程中缴械投降，如果总是在与人生交锋的过程中处于败落的地位，则渐渐地就会迷失自己，也会变得越来越无奈和沮丧。任何时候，贫穷都不应该成为打败我们的武器，俗话说，三十年河东，三十年河西，所以我们一定要振奋精神，摆脱贫穷，才能大鹏展翅，拥有更加精彩的人生。

也有些年轻人因为穷困而自轻自贱，觉得自己很多方面都比不上他人，其实这完全是错误的想法。贫穷不是耻辱，更不是罪过。因为每个人无法选择自己出生在怎样的家庭里，更不能抱怨辛苦抚养自己成长的父母。每个人都要对自己的人生负责，哪怕起点低一些，也不要因此而颓废，而是要更加努力拼搏，奋发向上，真正竭尽全力去改变命运，这才是至关重要的。除此之外，还要有胆识、有魄力，能够抓住生命中转瞬即逝的好机会，从而让自己真正崛起！

## 爱走捷径的人总是在弯路上撞得鼻青脸肿

最近这段时间以来，朋友圈里不太平，是因为每天都有朋友在圈里求点赞，还有很多拉票的。这是因为点赞的数量和得到的票数，会关系到他们能否得到礼物，能否在网络投票中脱颖而出。还有些更过分的，会要求朋友们把他的朋友圈动态进行转发，这样一来，就可以得到更多的票数。当这样的事情看得多了，未免会感到郁闷：得到多少票就是多少票，这样转来转去有意思吗？居然还要求转发，污染自己的朋友圈不够，还要污染别人的朋友圈吗？的确如此，这样反复要求转发，就是在污染别人的朋友圈，也是在不务正业地寻求捷径。

还记得小时候作业本上的一句话吗？书山有路勤为径，学海无涯苦作舟。对于每个人而言，人生都没有捷径可走，只有脚踏实地一步步向前，才能一步一个脚印走得更加平稳。偏偏有太多人都想一蹴而就获得成功，都想不费力气就攀登上人生的巅峰。不得不说，这是空想，还是痴心妄想，是根本不可能实现的。通常情况下，想要走捷径的人总少不了走很多弯路，还常常会在弯路上碰得头破血流。为此，我们一定要端正心态，摒弃浮躁，从而把很多事情都做得更好。这样才能更加从容应对人生，也才能在努力攀登的过程中走得更加平稳，也获得更多的收获。

大四那年，大多数同学都在四处奔波找工作，唯独杨浩气定神闲，丝毫也不着急。同学们问他：“你不赶紧找工作，毕业后准备去哪里啊？”杨浩说：“我不用找工作，我叔叔是开公司的，毕业了去叔叔的公司就行。”同学们恍然大悟：“原来你大学四年从来不努力，玩得高兴，原来你不发愁找不到工作啊！”光阴荏苒，很快，杨浩大学毕业了，也的确进入了叔叔的公司。

因为大学纯粹是玩过来的，所以杨浩什么都不会做。原本，他以为叔叔会给自己安排一个好工作，没想到叔叔让他从基层开始做起，扎扎实实学习工作的技能，而且他的工资也是全公司最低的。杨浩很不高兴，把这件事情告诉了爸爸妈妈。爸爸妈妈对杨浩说：“杨浩，公司是叔叔的，不是咱家的，就算是咱家的，你也得和别人一样有真才实学，否则别人不说闲话吗？我们倒是建议你先不要去叔叔的公司让叔叔为难，可以去其他公司工作一段时间，磨炼磨炼自己，这样才会更加优秀，也才能成为叔叔的骄傲。”杨浩虽然很怕吃苦，但是知道叔叔不可能一直包容自己，为此采纳爸爸妈妈的意见，离开了叔叔的公司，去外面摔打。几年之后，他吃了很多苦，也受到很多委屈，工作能力却大大提升。这个时候，叔叔主动邀请杨浩来公司帮忙，而且很骄傲地把杨浩介绍给其他同事们。

一个人总是要有真才实学，做人做事才更有底气。否则，没有资本，如何在社会上站稳脚跟，更好地生存呢？最重要的是，在这个世界上，除了父母会包容小孩子之外，一个人一旦走入社会，就成为真正意义上的社会人，不会再得到无条件的包容。当你看到更多的名人事例，就会知道那些名人之所以能够出人头地，做出伟大的事业，并非是因为他们运气好，而是因为他们始终都在踏踏实实地做人和做事。

如今，似乎整个时代都变得更加快速，很多事情也追求速成。但是，偷工减料、走捷径，归根结底无法帮助我们获得真正的成功。唯有踏踏实实，把每件事情都做到最好，才能激发自身的潜能，也才能让自己有更快速的成长和进步。

细心的朋友们会发现，有的时候，快就是慢，有的时候，慢就是快。古人云，欲速则不达，其实是很有道理的。与其四处碰壁找捷径，不但没有把事情做好，反而还导致事与愿违，不如静下心来下扎实的功夫，反而会有所收获，也能如愿以偿。功到自然成，当你觉得努力之后没有回报，是因为你努力的程度还不够，你坚持的时间还不够长。只有持续努力，绝不放弃，才能成为笑到最后也笑得最好的人。

# 第07章 时间规划得再好，也要一丝不苟执行

即使把时间规划得再好，如果没有对计划坚决执行，就会导致计划流于形式，也失去对于现实生活的指导意义。为此，在制定计划之前，我们就要考虑到计划的可行性，也要下定决心周密制定计划，严格执行计划。千里之行始于足下，要想有所收获，就要从执行计划开始做起。

# 成功始于足下

现代社会，很多人都有拖延症，而且有些人的拖延症还挺严重的，达到了影响学习和生活的程度。然而，如今这个时代又讲究效率，凡事都追求快，就连爱情都变成了快餐，还有什么事情是可以拖延的呢？不得不说，坚持高效率是很正确的选择，却不能走捷径而导致更大的延误。要想真正做到高效，就要从当下这一刻开始，把事情做到最好，也要从当下这一刻开始，切实展开行动。

很多人都觉得人生很漫长，尤其是年轻人，更是自诩有很多的青春可以挥霍。殊不知，就在不知不觉之间，时间悄然流逝，一去不返，正如一首歌里所唱的，“青春小鸟一去不回来”。人生到底能够度过多少天，没有人计算过，但是一年三百六十五天，一天二十四个小时，这是每个人都知道的。如果说这个世界上有绝对的公平，那么就是时间对于人的公平。时间一分一秒地流逝，不因为任何人而驻足停留，更不会偏袒任何人。为此，每个人在时间面前都要产生紧迫感，这样才能不断地激励和督促自己勇敢向前，无所畏惧。

具体而言，人生其实只有三天，那就是昨天、今天和明天。昨天已经过去，不可改变，不可回首；明天还未到来，只能憧憬，不可掌控。为此对于每个人而言，人生真正正在经历且可以把握的唯有当下，唯有今天，唯有现在。古往今来，很多哲学家、思想家提出人要活在当下，也正是告诉人们必须珍惜每一分每一秒的时间，才能让此刻过得更充实，也为我们的人生增光添彩。那么，如何把握当下呢？很多人虽然把活在当下当成口号挂在嘴边，但是却不知道如何真正把握当下。

时间始终呈现出线性的流动，既然无法把时间像冰块一样放在冰箱里储存起来，阻止流逝，就只能充分利用当下这一刻，才算是真正拥有了时间。充实地度过人生的每一刻，才是让人生凝固和封存的好方法。抓住现在，一定要有紧迫感，还记得《明日歌》吗？明日复明日，明日何其多，我生待明日，万事成蹉跎。不要等到时间悄然流逝再追悔莫及，你可看到有谁的生命能够逆流成河的吗？没有人能够做到。

2017年四川九寨沟发生地震，让很多人都感到特别惋惜，因为他们早就想要去欣赏九寨沟的美景，却没想到一场突如其来的地震让所有的美景都不复存在。为此，他们很懊悔，但是时间却不会倒转回去，让他们有机会去四川沟寨沟。在民国时期，才女张爱玲曾说，出名要趁早。其实，何止出名要趁早呢？人生短暂，做很多事情都要趁早，这样才能把事情做在前面，也才能让我们有更多的时间去弥补和斡旋。总而言之，时光飞逝，一去不返，也许今日还是黄口小儿，明天就是翩翩少年，也许今日还是年富力强，明日就是白发苍苍。我们无法掌控生命的长度，只能拓宽生命的宽度，让生命更加充实有意义。

美国前总统林肯是一个非常珍惜时间的人，他总是抓紧一切时间努力工作。不管多么辛苦，他都把工作当成是自己的兴趣和爱好，也把能够工作视为幸运。为此，他从来不会因为工作辛苦而懊丧，即便在一生之中多次参加竞选都以失败告终，他也没有放弃过。越努力，越幸运，越努力，越是会发现和抓住契机。作为一个普通人，我们也许不会获得那么伟大的成就，但是只要坚持努力，我们总会拥有属于自己的成功。

很多人患有拖延症，原因各不相同，有的人是为了逃避责任，有的人是因为懒惰，还有的人缺乏自信。实际上，在事情没有发生之前未雨绸缪是好的，但是如果过度未雨绸缪，导致自己杞人忧天，压根不敢真正去做，就放弃了机会，这会造成彻底的失败。为了避免拖延症，我们可以做好最坏的打算，却不要被吓住，而是要朝着最好的方向去努力。做最坏的打算，不是为了吓唬自己，更不是给自己找理由停止行动，而是让自己做好心理准备，坦然接受一切结果，这样才能从容向前。有的时候，事情并不像我们所想象的那么困难，当我们真正去做，在事情不断发展的过程中，我们也会把事情推动向前。也许，原本的阻碍不复存在，也许，一切都会朝着好的方向发展，谁能说得准呢？所以不要陷入担心和忧虑之中，而是要当机立断努力向前，要全力以赴奔向远方，在人生的旅程中，总会看到更多的风景，见识到更多的美妙和奇迹！

## 我生待明日，万事成蹉跎

众所周知，越是好机会越是千载难逢，转瞬即逝。所以每当机会摆在眼前的时候，一定要当机立断抓住，而不要总是犹豫不决、迟疑不定，结果非但没有抓住机会，反而导致事情的结果变得非常糟糕。等到失去机会再追悔莫及，没有任何用处，只能徒增烦恼而已。早在古时代，《明日歌》就告诉我们要珍惜今日，活在当下，而不要“我生待明日，万事成蹉跎”，否则生命的好时光不在，只能徒增烦恼和悲伤而已。

凡事都经不起等待，更经不起拖延。当然，在拖延症横行的今天，要想戒掉拖延并不容易。首先，要形成时间观念，培养珍惜时间的意识，也养成珍惜时间的好习惯。唯有如此，才能争分夺秒把握时间，也才能让时间为我们所用，发挥最大的效用和价值。其次，要剖析拖延的原因。所谓解铃还须系铃人，发生任何问题都要从根源上积极去解决，而不要总是拖延。最后，要树立自信，坚信自己只要努力争取，做到最好，总是能让奇迹发生，或者至少会让事情有所好转。在这样的全方位努力之下，我们才能争分夺秒，让人生更加充实和精彩。

一直以来，她最大的梦想就是换一份工作，因为她实在不想在电话线的这头面带微笑对着所有的客户说些重复的话。这样长久地笑下去，她每当回到家里根本不想笑，而且还有了职业病，一旦听到手机响起也会马上面带微笑接电话。

她厌倦了这份一成不变的工作，只想让自己的工作更有价值，也有创造性。

然而，正当她下定决心准备辞职的时候，她和爱人的婚期定下来了。

因为结婚之后很快就要要孩子，还要照顾孩子，为此当听到她要辞职的消息时，不管是爱人还是未来的公婆，都表示强烈反对。

婆婆反对的理由更是冠冕堂皇："你就算不喜欢现在的工作，也要坚持再做一段时间，毕竟这个工作安稳，孕期干很合适啊。"的确，她觉得婆婆说得有点儿道理，所以决定干到休完产假。然而，有了孩子之后，她的时间变得很紧张，每天都恨不得早点下班回家。

她问自己："现在就算有一份工作摆在我的面前，只怕我也无力去做。还是等到孩子再大点上了幼儿园，我再换工作！"等到孩子上了幼儿园，又想到孩子将来小学需要接送，写作业需要指导，而很多工作都竞争激烈，还经常加班，为此她换工作的计划又耽搁了。结果，等到孩子上了大学，她才突然想起自己曾经的梦想，此时，她已经年近半百，想要辞职换工作显然很困难，为此她只好决定干到退休。

在这个事例中，她从单身的时候就对于工作有很多的憧憬，有很多的美好幻想，但是她却始终都没有真正去做。她延误实现梦想的理由看起来都很充分，实际上都很奇葩。毕竟换工作都是宁早勿迟，越是年轻越是有利于换工作，而不要等到年纪大了，折腾不动了，再去看着曾经的梦想心生遗憾。

做很多事情都要讲究时机，如果能抓住好时机就能事半功倍，如果延误了好时机，则事倍功半。每个人在生命的历程中，都知道时间宝贵，但是却无法真正做到争分夺秒，而且还常常延误。这是因为缺乏对于时间的计划和安排，导致自己面对时间的流逝非常被动。

真正的时间管理，一定要合理安排时间，未雨绸缪把很多事情都计划好，这样才能提高时间效能，也才能最大限度珍惜时间，保证把珍贵的时间都用到刀刃上。任何出色的人，都具有很强的时间观念，他们既不会浪费别人的时间对别人谋财害命，也不会浪费自己的时间导致自己的生命悄然流逝。尤其是在如今的职场上，竞争非常激烈，工作的节奏特别快，一个人要想从诸多对手中脱颖而出，就一定要努力勤奋，也要加快速度，这样才能最大限度提升生命的爆发力，也让人生精彩且充实！

## 活在当下，把握好每一个今天

在生命的历程中，一个人如果只知道有明天，而不知道有今天，则会导致拖延，凡事都等待明天再来完成，而丝毫没有珍惜时间的意识。恰恰人生是不可能活在明天的，每个人都必须且只能活在今天。只有树立活在今天的意识，也争分夺秒活好每一个今天，才能真正把握生命的节奏，成为人生的主宰和驾驭者。否则，人生就会失控，也会因为时间的流逝而变得很被动。

古今中外，每一个有所成就的人，都是珍惜时间活在今天的人。伟大的科学家爱迪生，一生之中发明无数，为了科学事业奉献了宝贵的时光，从未有过片刻的休息时间，总是在进行各种实验。爱迪生曾经说过，科学是不会休息的，在漫长的亿万年时间里，科学始终在发展，从未停歇过。正是因为有这样的精神，爱迪生才能有那么多的发明，也才能获得那么多伟大的成就。对于专心做学问、搞研究的科学家、学者而言，每一分每一秒都显得弥足珍贵，也对他们至关重要。为此，为了推进科学事业发展，他们常常废寝忘食。前文说过，很多人虽然把珍惜时间挂在嘴边上，但实际上从未真正像珍惜金钱那样珍惜时间。每一位科学家、学者，都把时间看的比金钱更重要，始终活在当下这一分一秒，绝不随随便便就荒废时间，更不会让时间悄然流逝，了无痕迹。

1871年圣诞节，爱迪生和未婚妻携手走入了婚姻的殿堂。在婚礼进行过程中，爱迪生就一直在思考自动电动机的问题，在结婚典礼刚刚结束时，他突然灵机一动想到了解决问题的好办法。为此，他小声告诉新娘："亲爱的，我有紧急的事情需要去一趟实验室，你先等我一会儿，我会及时赶回来陪着你一起吃晚饭。"新娘虽然有些不高兴，但是看到爱迪生紧张兮兮的样子，以为爱迪生有非常严重的问题需要紧急处理，只好点头答应。

到了实验室，爱迪生马上根据想到的方法进行实验，一次不行两次，两次不行三次……最终，爱迪生在实验室里工作到深夜，完全把对新娘的承诺忘记了。直到夜深人静的时候，才有人找到实验室，对爱迪生说："你这个新郎怎么跑到这里来了，可知道我们都找你多久了吗？"爱迪生一抬头，看到外面一片漆黑，问来人："现在几点了？"来人告诉他："已经十二点多啊！"爱迪生一拍脑门，赶紧放下实验器材跑回家，一路上他都在责怪自己："太不应该，我说好要陪玛丽吃饭的，这下子她肯定会非常生气！我一定要道歉，求得她的原谅！"

结婚，是一生之中的大事情，大多数人在结婚这一天会放下手中所有的工作，投入婚礼之中，因为能与所爱的人携手并肩，简直是最幸福的事情。然而，爱迪生实在太热爱科学事业，而且也太用心实验了，为此才会在有了好的办法解决问题之后，马上抛下新娘去实验室进行实验。他一旦做起实验就废寝忘食，完全忘记了自己还有更重要的事情需要做，而且也把新娘抛之脑后。由此可见，爱迪生对待伟大的科学事业一丝不苟、争分夺秒的精神。

有人说，每个人从出生，就开始了向死而生。的确如此，随着时间的流逝，每度过一个今天，剩下的时间就会减少一天。为此，珍惜时间的人从来不让一日闲着度过，哪怕有一天不工作，也要过得充实且有意义，做更多精彩的事情。还有人说，人生如同逆水行舟，不进则退，这也是告诉我们时间的长河一直在向前流淌，我们必须划着人生这一叶扁舟努力向前，才能避免被落下。很多人误以为岁月可以一直静好，其实这样的想法是错误的。整个宇宙都处于变化之中，地球更是在围绕太阳公转的同时自转，我们每个人都坐地日行八万里，又怎么可能保持真正静止的状态呢？尤其是现代社会发展和进步的速度很快，每个人至少要保持与时俱进的速度成长，也要更加努力才能领先于时代，获得长足进步和发展。一日工作一日功，一日不工作就会落后很多，导致再想与其他人并驾齐驱难上加难。

为了不让一日闲过，为了避免因为一日休息而落后很多，我们要养成今日事今日毕的好习惯。每个人在制订时间计划的时候，不但要制订长期计划，而且要制订中期和短期计划。很多在职场上有所成就、出类拔萃的人，往往都有制定每日工作计划的好习惯。在制订当日工作计划之后，要按照计划努力完成额定任务，这样渐渐地就能养成今日事今日毕的好习惯，循序渐进提升工作效率。当然，坚持今日事今日毕说起来容易，要想真正做到却很困难。执行计划，需要顽强的毅力，也需要超强的自我管理能力。

不管在今日遇到怎样的困难，都要全力以赴坚持做到最好，也要不遗余力寻求解决。对于一个勤奋刻苦的人而言，明天是最大的敌人，也是拖拉的根源。只有把握好每一个今天，也充实度过每一个今天，才能让人生充实，变得有分量。为了节约时间，可以提前把任务完成，而不要总是拖延完成，否则就会导致时间紧迫，仓促之间自然无法保证做事情的质量和效率。

## 全力以赴啃下硬骨头

紧张并不是一种消极懈怠的情绪，有的时候，适度紧张，反而能够调动起人的情绪，让人激发出自身的潜能，表现更好。尤其是在工作的过程中，如果能够调动精神，全力以赴去做事情，则能够提升效率，把事情做到更好。所以要想在工作中有良好表现，就要学会紧张，而不要排斥和抗拒紧张的情绪。

然而，人不可能始终保持紧张的情绪，而是要张弛有度。没有人能够始终保持精神集中，总是需要在紧张一段时间之后就要恢复轻松，放松精神。当然，一个人能否集中精神，受到很多因素的影响，例如自身的状态、工作的性质和内容、本人的能力等。在日常工作中，总有一些重要的工作需要我们去完成，那么就要集中精力先完成这些事情，也就是全力以赴啃下硬骨头，然后再去其他事情。这样是提升效率的好方式，有助于节省时间，把事情完成好。

在一天之中的很多时刻，工作效率都是不同的，所以要选择最容易集中精神的时段做最重要的事情，这样才有助于提升工作效率，也才有助于最高效地完成工作。比起那些效率低的时刻，集中精力高效工作的效率可以提升几倍到十几倍，甚至几十倍。所以当觉得自己无法集中精神的时候，不要勉强自己工作，而是要调整好精神状态，才能集中精力做好事情，既高效完成工作，也节省了时间，从而使得工作完成更加顺利，还节省出来时间休息和娱乐，可谓一举数得。

在确定自己全神贯注工作的极限之后，例如只能坚持工作一个小时，那么就可以在工作一个小时之后休息片刻，从而让自己的脑力得到放松。这样一来，接下去工作才能提升效率。与其浪费漫长的时间工作，不如高效工作，再充分休息，才能保证劳逸结合，也起到最佳的工作效果。

当对于一项工作感到很乏味无趣，既不想继续，又不想花费太多的时间休息，则可以调整工作的内容，换一个工作，这样相当于间接换了思路，也可以提升工作效率。需要注意的是，不同的人对于工作的感受不同，只要换能让自己放松的工作即可，就能起到休息的作用。

总而言之，保持一定程度的紧张感，对于提升工作效率有很大的好处。每当人们全神贯注做一件事情的时候，就会呈现投入的状态，也会显得略微紧张。早在原始人时代，老祖宗们在集体狩猎时追赶猎物，就会心情很紧张，心跳速度非常快，而且身体也会冒汗。在这种状态下，每当野兽发动攻击，他们不会紧张得不知道躲避，而是会使出各种方法来保护生命，逃跑，或者爬到树上躲避危险。这样的紧张效应会在生活和学习的很多方面都发挥作用，即便在现代社会中，各种情况下的紧张也依然会起到积极的作用和效果，使人精神放松，思维活跃，也使人呈现出更好的工作状态。

此外，要想高效率工作，还要提升专注力。很多人做事情的时候总是三心二意，不能集中精神，为此导致工作效率低下，也使得付出了大量的时间和精力之后，却没有如愿以偿获得预期的结构和收获。保持微微的紧张，让自己更加专注于工作，这对于提升工作效率、节省时间有很大的好处。在最好的时间里最好最重要的事情，也以适度紧张来刺激精神更加集中，会让我们在处理很多事情的时候，有更高的效率，事半功倍。

## 只有快速，才能抓住千载难逢的好机会

如今，已经进入了快速的时代，不管是个人还是企业，要想获得成功，都必须加快速度，抢先一步。这样才能避免错过机会，也才能抓住好时机有更好的成长和发展。在海洋里，有着平衡的生物链，各种鱼类之间，遵循着快鱼吃慢鱼、大鱼吃小鱼的原则。当然，小鱼儿们无法改变自己的体型，就只能通过速度快来逃生。人们常说，商场如同战场，其实商场更像是海洋。要想在竞争残酷的商场里存活下来，也必须眼观四路，耳通八方，也必须全力加快速度，才能让自己占据先机，在很多方面都有更主动的表现。

从本质上而言，加快速度还是要争取到时间。所谓一步领先步步领先，就告诉我们每个人必须在时间上抢先一步，才能节节攀升，获得胜利。反之，如果一招落后，就会导致效率低下，再想要追赶上来就会非常困难。

1996年，电视剧《宰相刘罗锅》热播，很多人对荔浦芋头一无所知，充满好奇。在这些对荔浦芋头都很好奇的人之中，有个来自东北的女性先行一步，不等电视剧播放完，就抢先赶到荔浦芋头的产地广西，以不到一元的价格批发了一车芋头，回到东北，这车芋头被一抢而空，也为这位女士大赚一笔。有些人后来也意识到商机，为此也想要售卖芋头，但是等到他们开始关注芋头的信息时，才发现芋头已经涨价了，再也没有不

到一元的批发价格，自然他们再来做芋头的生意，利润也就没有那么大，还因为竞争者很多，生意做得很难。

谁能想到因为一个电视剧的热播，会让芋头这种原本默默无闻的食物一下子受到这么多人的追捧呢！同样是看电视剧，事例中那位东北女性早早地就嗅到商机，为此抢在绝大多数人前面大赚了一笔。而有些人反应更慢，虽然也搭着电视剧的机遇赚到了钱，但是却没有赚得很多。而大多数人在电视剧看完之后，都没有反应过来要抓住时机赚钱，始终后知乎觉，眼睁睁地看着机会溜走。不同的人面对同一件事情，总是会有不同的收获，这取决于每个人对于信息的敏感度，也取决于每个人知识的储备。当然，还要稳准狠，快速抓住要点，奔向目标，才能抢先一步，从而做到步步领先。

随着时代的进步和社会的发展，现代企业被时间追赶，也被烙上了时间的深刻痕迹。一个企业要想健康发展，除了要有很多的资源之外，还要有时间意识。所谓的眼光和格局，实际上就是时间的产物。当一个人能够先于他人透过事物的现象看到事物的本质，就是有眼光的。当一个人能够先于时代以敏锐的嗅觉知道哪些事物会更受欢迎，提前排兵布阵，那么他就是有格局的。由此可见在，在商业竞争中，时间就是生命，时间就是金钱，时间就是效率。尤其是如今人人都依赖的电子产品，诸如电脑、手机等，更是要不断地推陈出新，抢先占领和引领市场，才会得到更好的发展，创造更大的经济效益。

在激烈的商场竞争中，唯有抢占先机，赢得主动，才能真正做到先人一步，才能在进行各种决策和做出各种对策的时候，有更充裕的时间思考，也有更从容的空间去应对。不仅对于企业如此，对于个人更是如此。为此，要想跑在时间的前面，我们必须擦亮眼睛，也加快动作，更是要积极主动地把很多事情做在前面，这样才能保证效率，提升效益。很多喜欢军事的朋友们更是知道，在情势瞬息万变的战场上，时间就是生命，也许快几分钟就能获胜，而慢几分钟就会一败涂地。如今的商场，竞争的情势丝毫不比战场逊色，我们就更是要全力以赴做到最好，才能主宰自己，掌控局面，也才能驾驭一切。

# 第08章 管理好时间之前，先管理好大脑

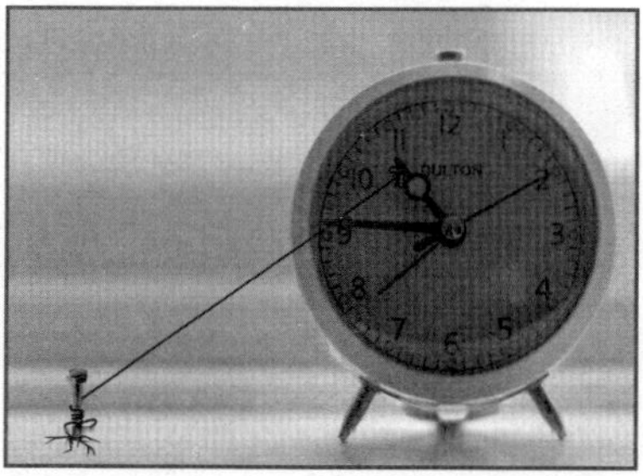


要想管理好时间，一定要有清晰的思路，凡事拎得清，才能把各种事情按照轻重主次进行合理排序，也才能避免陷入很多的误区，徒劳地浪费时间和精力。每个人的生命都是有限的，一定要更加全力以赴做到更好，实现时间的最大效力，才有助于提升效率，事半功倍。

## 活好今天，才有未来可期待

现实生活中，很多人目光短浅，他们做事情的时候只盯着眼前，只顾着敷衍现在。为此，虽然把此时此刻搪塞过去了，但是却在未来迷失了自己，或者导致未来变得无法面对。正如前文所说的，每个人都只有三天的时间，那就是昨天、今天和明天。昨天已经过去，成为不可改变的历史，明天还未到来，一切都是待定的。而今天，恰恰在昨天和明天之间起到承上启下的作用，为此只有把今天活好，今天过去才能变成充实的昨日，也只有把今天活好，才能为未来铺垫基础。如果没有一个个充实精彩的今天，人们根本不可能有值得骄傲的过去和未来。

现代社会生存的压力越来越大，职场上的竞争也日益激烈。一个人要想在社会上赢得一席之地，要想让自己有更大的空间去成长和发展，就必须付出百倍的努力。然而，有的时候努力了也未必有结果，为此人们会更加激励自己勇敢向前，也会为此而付出各种艰苦卓绝的努力。这样做的结果是什么呢？能够如愿以偿吗？未必能改变什么，也许会导致各种糟糕的情况接踵发生。归根结底，每个人的时间和精力都是有限的，如果不能合理分配时间，消耗精力，而是涸泽而渔，则最终只会导致殚精竭虑，值得付出的收获更少、更小。真正明智的朋友们会坚持可持续性发展，他们会合理安排休息和工作的时间，把各种事情做到最好。他们不会过分透支身体，而是保持劳逸结合，从而让自己及时得到休息和恢复，也让自己的生命呈现出更加饱满精彩的局面。而这一切，都取决于对于时间的合理规划和安排。

人生要活在当下，一方面要珍惜时间；另外一方面也要学会过慢生活。活在当下的意义绝不是让我们争分夺秒地去与时间赛跑，而是让我们能够专注于当下这一刻的学习和生活，从而有更好的成长和更杰出的表现。现实生活中，总有些人每天都忙忙碌碌的，他们很少有时间专心致志做自己的事情，而总是会显得非常急躁，这样一来，他们就会长期处于赶时间的状态，也会因此而变得压力山大。为了提升效率，还总有人想在尽量短的时间内做更多重要的事情，不得不说，珍惜时间的习惯固然很好，但是凡事皆有度，要避免过犹不及。为了提升工作的效率，除了节约时间之外，还有很多的方法可以使用。例如改进工作的方法，让工作变得更加高效；再如，借助于各种先进的电子工具，让工作的进行更加顺利。这些都是节约时间、提升效率的好方式，都值得我们亲自去尝试，也值得我们用心去钻研。

人生是一个线性的过程，就像一条河流始终在向前流淌。在生命的历程中，如果我们活得太仓促和忙乱，渐渐地就会迷失自己，也会使得人生变得枯燥乏味，毫无乐趣。唯有更加全力以赴经营好人生，我们才能在成长的过程中不断地努力进取，也才能在前进的道路上始终都精神振奋，意气风发。

不善于利用时间的人，虽然把每一天都过得很急促，却毫无收获，而善于利用时间的人，看起来气定神闲，却把该做的事情都做好了，不但事业有成，而且生活有滋有味，充满乐趣。

此外，要想合理规划人生，还要知道自己到底想拥有怎样的人生，从而才能让人生合理向前发展，也朝着明确的人生目标坚持奋进。人生有很多种方式，当我们的心很敏捷，那么就可以让人生丰富精彩。而如果我们总是非常迟钝，不知道如何在生命历程中实现自身的价值，也不知道自己真正想要得到的是什么，我们就会迷失本心，也会在人生的道路上不知所踪。

## 世界上并没有后悔药可吃

如果世界上真的有后悔药可以卖，那么后悔药一定会成为最畅销的产品，不管卖得多么贵，都有人愿意买，也不管多么稀少，也依然有人千方百计去得到。在大多数人心中，后悔药比金子更值钱，也比钻石更昂贵，这是因为当后悔药真的奏效，我们就会获得重新决策人生的机会。那么后悔药一旦问世，就会引起空前巨大的反响，也会让很多人的心中如同遭遇地震一样，久久无法恢复平静。幸好，世界上并没有后悔药可吃，为此大家才会更加珍惜生命，也才会在时间的流逝中用心感受生命的美好。没有后悔药可吃的世界，人们总是竭尽所能做得更好，为了在成长的道路上更加全力以赴，努力向前，他们还会未雨绸缪，减少犯错。即便如此，错误依然存在，成为每个人最深刻的烙印。

有人说，人生是一场没有归途的旅程，也有人说人生是在漫无边际的大海上航行，实际上人生就像考试时写作文，只能一步到位，而没有打草稿的时间，也没有誊抄的机会。为此，我们必须努力用心经营人生，在人生的画布上留下流畅的线条和绚烂的色彩。

尽管世界上从来没有后悔药，但还是有很多人会陷入后悔的状态之中，追悔莫及。他们长时间地沉浸在后悔的情绪中，压根不知道自己应该如何做才能尽量弥补，更不知道自己要怎样努力才能收获精彩的未来。还记得鲁迅先生笔下的祥林嫂吗？祥林嫂的孩子被狼叼走了，从此之后她看到任何人都会讲起这件悲惨的事情，一开始人们还会同情他，但是随着时间的流逝，渐渐地，人们对于祥林嫂的遭遇越来越麻木，还有些人会故意躲避祥林嫂，不愿意听祥林嫂诉说。祥林嫂的悲剧是命运造成的，也是时代造成的，更是人情冷漠的表现。

不管我们是否愿意，时间的脚步都在滴滴答答地向前。与其一味地沉浸在悲伤之中无法自拔，不如有的放矢突破和超越自己，这样才能在成长的道路上迈开大步，努力向前。人既然有着超强的记忆力，记住生命的美好，也要学会遗忘，这样才能适时地把那些让人难过的事情抛之脑后，也让那些厄运彻底成为人生中翻篇的一页。否则，因为无法改变的过去而沉浸在悲痛中，导致连过好今天都变得不可能，我们一定会很被动，也会变得颓废沮丧，整个人都失去希望。人生，总是要向前看的，这样才能让自己看到希望和光芒，也才能坚持度过最难熬的时刻，让人生绽放出光芒。

在美国，有一位大名鼎鼎的精神病医生，在研究很多精神病患者的病例之后，他发现很多精神上出现疾病的人都有偏执的性格特点。他们总是活在过去，对于他人和自己的错误念念不忘，对于人生中无法使人感到满意的一切也总是产生抱怨等负面情绪。他们最爱说的两个字是“如果”，正是“如果”害了他们，让他们误以为人生是可以重来的，时光是可以倒流的。殊不知，这些根本不可能做到。

改变心态，调整态度，对于人生不是在“如果”中绝望，而是在“下次”中焕发出新的希望和生机，那么很多人的整个心态都会改变，对于人生的态度也会截然不同。如果你还在说“如果”，那么就从现在开始渐渐地忘记“如果”，而把“下次”作为自己的口头禅吧。当你满怀希望地说出“下次”，则意味着你已经从此刻的失败中汲取经验和教训，也已经知道如何在下次发生相似或者相同的事情时有更好的表现。由此可见，“如果”和“下次”之间的转化绝不是一句话的事情，而是意味着我们的心态发生了根本性的改变，也意味着我们对于未来更有设想，更加充满希望。

从现在开始，就坚持这样去练习，当你每次遇到不愉快的事情时，都能把“下次”挂在嘴边，当你无法让自己满意的时候，就都能放下过错，也放下对于自己的责备，怀着希望勇敢向前，努力把很多事情都做到更好，做得更加美满。下次，我们可以换一种方法去做事，下次，我们可以重新选择合作的伙伴，下一次，我们要远离失败而更加接近成功。

过去的事情已经过去，一味地沉浸在懊丧之中根本于事无补，反而会因为情绪低落导致未来变得更不可想象。唯有给予自己更加积极的心理暗示，让自己能够鼓起信心和勇气勇往直前，我们才能扬起人生的风帆，在生命的历程中踏浪前行，逐浪而行。

## 谁也不知道明天和意外哪个先来

常言道，没有人知道明天和意外到底哪个先来。这句话告诉我们，人生是反复无常的，既没有人能够确切知道生命的长度，也没有人能够知道生命历程中到底有哪些事情会猝不及防地发生。为此，最重要的是要修炼自己的心，养成各种好习惯从容度过生命的每一天，也可以像有人所说的那样把每一天都当成生命中的最后一天来面对，这样一来就可以做好准备，迎接意外，也可以坦然地拥抱生命。

很多时候，面对突如其来的紧急情况，我们常常会觉得脑海中一片空白，也会因为慌张而根本不知道如何应对。等到回过神来，我们才会去想：如何才能避免同样的情况再次发生嗯？的确，一个人不能在同一个地方摔倒两次，那么就要多多留心，这样才能未雨绸缪，做好准备应对突发情况，也坚持做到最好的自己。

越是在危急时刻，越是要表现得镇定从容，这样才能发挥聪明才智解决问题。否则，如果总是这样不断地沉浸在慌乱之中，必然无法处理好事情。为何在紧急时刻要保持镇定呢？因为恐惧和惊慌会使人智商降低，唯有保持镇定，才能理性思考和处理好问题。此外，从时间的角度而言，当思维混乱的时候，当然无法有效地珍惜时间，以最快的速度解决问题，而必须拖延时间。这样一来，就贻误了解决问题的最佳时机，也会导致问题变得难以处理。不管何时，都要有的放矢解决难题，也要未雨绸缪，平日里就多多提升自己的能力，这样才能争取把事情做到最好。

有些情况是必须很快处理的，为此要做好备忘录，把事情写入待办事项，这样才能及时处理。当然，处理问题只是第一步，接下来还有更重要的事情需要做，那就是总结经验和教训，从而才能在遇到类似情况的时候有所准备，也有预案，这样一来当然可以在下一次把事情处理得更好。

作为一名二手房销售人员，雅思才工作半个月，就成功卖出去人生中的第一套房子。接下来的一个月，她又成交了两套房子，很多同事都说雅思的运气简直太好了，这么接连开单简直要冲刺销售冠军。然而，雅思却是个小迷糊，记性不太好。此后大概三个月，有一天雅思正在办公室里给客户打电话，突然手机响了："雅思，你到了吗？我们已经到了。"雅思一下子有点儿蒙："到？到哪里了？"不过既然有人给她打电话这么斩钉截铁地问，她也不敢问对方到底是什么事情，只好回应："你们现在在哪里？"对方回答："就在房管局大厅。"雅思一拍脑门，挂断电话喊起来："经理，经理，完了，我把约好客户业主过户的事情忘记了。"外面还下着大雨，雅思当即骑着电动车赶往房管局，根本顾不得自己被淋湿。

雅思牢记经理对她说的话："要镇定，可以说有点儿事情耽误了，不要说忘记了。我先打电话帮你联系过户专员加塞，你要表现好一些！"当雅思如同落汤鸡一样感到房管局的时候，过户专员已经带着买卖双方开始办理手续了，雅思赶紧道歉说自己迟到了，也赢得了买卖双方的谅解。这次事件之后，雅思对于提前安排好的事情总是会定一个提醒的闹钟，这样才能避免再次遗忘重要的事情。

当被遗忘的事情突然来到眼前时，也和突发事件没有什么区别。虽然雅思没有经验，但是经理还是能做到临危不惧的，为此才能把这件事情圆满处理好。当然，人总是要吃一堑长一智，否则在应付完突发的危机之后，等到下次再发生类似的情况却毫无进步，这当然是让人感到遗憾的。为此，等到处理完事情之后，要总结经验和教训，才能让自己得到进步，否则总是沉浸在之前的状态，则有了经历也不能成为经验，更不能有效指导我们有更好的成长和发展。

事情变得很突然，有各种各样的原因，有可能是因为事发突然，也有可能是因为遗忘，就像事例中的雅思把原本准备好了的事情都遗忘了一样。不管因为何原因面对突发情况，我们都要镇定从容，也要全力以赴，才能圆满解决问题。当然，要想结果圆满，最重要的在于要调动自身的积极性，把握好时间，也要争分夺秒抓住解决问题的最佳时机。否则，即使拥有再有利的条件，如果没有很好的方法去面对，也会导致事倍功半。由此可见，抓住解决问题的好时机再发力，才是解决问题的关键。

## 学会拒绝，不要浪费宝贵的时间

现实生活中，有很多老好人，他们性格软弱，不知道如何拒绝他人，为此每当被他人求助时，总是会答应。如果心有余力还好，如果心有余而力不足，或者对于他人的承诺超出了自己的能力范围，最终好心办坏事，反而会落下埋怨，那就尴尬了。此外，总是接受他人的请求，也会让别有用心的人习惯于得到帮助，渐渐地就会形成依赖性，甚至把原本自己可以完成的事情也交代给老好人做。可想而知，这样一来，老好人就会非常被动且无奈，而且会导致陷入时间的黑洞，因为帮助他人泛滥成灾而失去自己的生活，也浪费大量宝贵的时间，甚至打乱工作的节奏，使得工作效率低下。

帮助别人固然是好的，如果因此而导致自己正常的工作生活受到影响，则得不偿失。尤其是在职场上，每个人都有自己的事情要做，更是要合理安排好时间，才能完成本职工作。否则哪怕再乐于助人，如果连分内之事都做不好，还是会被领导批评，甚至会因此而导致失去工作。为此，帮助他人时一定要进行思考，看看自己是否有能力、有时间把事情做好，也要先保证自己的工作能够完成。当然，紧急情况除外，当同事遭遇紧急情况需要处理时，则要当仁不让，这样才是团结协作，也才能让团队的力量最大化。

需要注意的是，这里所说的酌情帮助同事，学会拒绝同事，并非要求同事之间感情冷漠，彼此互不帮助，而是说不要总是帮助他人。毕竟工作是人生的常态，而没有一个人可以依靠他人帮忙维持工作，也没有一个人可以始终帮助他人而忽略了自己的本职工作。每个人都要先对自己负责，才是对他人负责的态度。

尤其是在如今的职场上，很多人都会觉得时间不够用。为何会觉得时间不够用呢？就是因为他们不能做到合理安排和利用时间，而常常会被各种琐碎的事物占用时间。当大块的时间被割裂开，则小段的时间里，要想集中精力做工作就会很难。当然，并非所有的事情都是在浪费时间，最重要的在于，我们要学会判断和衡量。除了不能盲目帮助同事之外，当上司给我们安排多余的工作时，不要因为是上司安排的就不假思索地接受，而是要更加认真思考，只有在保证不影响既定工作保质保量完成的情况下，才能接受。

其实，工作中也是有很多无用功的，这些无用功极大地浪费了时间，必须将其剔除，才能有的放矢把一切做到更好。毕竟人的时间和精力是有限的，不可能把所有事情都做得面面俱到，也不可能把每件事情都做好。保持理性地思考，也知道时间是有限且珍贵的资源，我们才能形成珍惜时间的意识，也才能勇敢地拒绝上司的不合理安排，拒绝同事的不情之请，从而高效地利用时间，做真正重要的事情。总之，一定要沟通，才能圆满解决问题，也才能让人生更加充实且有意义。

## 迟疑不定是时间溜走的通道

古人云，人生如同白驹过隙，忽然而已。的确，人生是非常短暂的，甚至短暂到来不及反应，大段的人生就已经悄然流逝。为此，一定要珍惜时间，才能把握生命的脉搏，也才能争分夺秒拓宽生命的宽度，让生命有更加精彩的呈现。前文已经说了很多珍惜时间的必要性，相信大家也都形成了正确的观念，知道要珍惜时间。这里，我们还需要说的是，珍惜时间的各种方式。在诸多浪费时间的瞬间，有一个瞬间是人们丝毫没有觉察就悄然溜走的，那就是迟疑不定的时候。

众所周知，人生中的很多时刻都面临选择，有的人性格豪爽，思维敏捷，思路也很清晰，为此在做决定的时候大刀阔斧，很快速。相比之下，有些人性格缠绵，做任何事情都很胶着，无法当机立断做出决定。就在他们的犹豫不决间，时间悄然流逝，为此他们的时间越来越少，等到真正决定去做也展开行动的时候，才发现时间仓促，未必能把事情做好。不得不说，是思考和决策的时间占用了他们的行动时间，这么做是本末倒置的错误行为，只会让当事者变得被动。要想真正抓住时间，节约时间，我们就要堵住这个时间悄然溜走的通道，从而让自己在各个方面都有更好的表现，也可以珍惜时间，让自己获得更高的效率。

现实生活中，很多人都有选择恐惧症。他们无法在第一时间就把问题做得最好，为此常常会感到犹豫不决，内心也会变得非常被动和无奈。从心理学的角度而言，选择恐惧症是一种病，记得张柏芝和陈青云就曾经演过一部电影，是关于选择恐惧症的。在人生之中，并非每个选择都那么难以决断的，一则要区别这些选择的轻重主次，二则要以正确的方式进行抉择。具体而言，中午吃什么并不是个大问题，既然每天都要在外面吃，那么想吃的轮着吃，总是可以吃到的，所以无须过分纠结，只要健康营养、干净卫生即可。再如，有些年轻人想要换工作，居然刚刚萌生出这样的想法，就冲动地递交了辞职报告。不得不说，这样的做法是很糟糕的，因为当冷静下来思考，他们很有可能会改变注意，也会为自己的冲动和仓促而感到懊恼。毕竟换工作事关重大，每个人都要挣钱养活自己，有多少积蓄可以支撑失业的这段时间里的开销，又需要花费多久才能找到工作，这都是大家需要慎重思考的问题。每一个讲究效率的人，既要追求快，也要追求稳，还要追求效率，才能把当机立断做决定，节省时间去展开实际行动。

又到了中午吃饭的时间，小马觉得很苦恼，因为他有选择恐惧症，每天中午都不知道该吃什么。这不，十二点下班，其他同事都已经吃完饭回来了，但是小马还坐在办公室里皱着眉头思考。同事看到小马痛苦的样子，说："你要是实在不知道吃什么，我帮你决定算了。"小马先是表示同意，后来又摇摇头。结果，等到同事们都抱着午休枕呼呼大睡，小马才磨蹭着去楼下吃了一份盖浇饭。因为耽误了中午午休的时间，他整个下午都很困倦。

在工作上，小马也常常表现出犹豫。有一次，领导在办公室里问所有同事：“大家谁愿意和我一起去美国出差啊，我需要一个同伴兼职翻译。”小马大学的时候英语就过了八级，给领导当翻译还是绰绰有余的。但是他担心自己被拒绝，又害怕领导需要翻译很专业的内容，为此迟疑地问领导：“领导，都需要翻译什么啊？”“就是……”领导的话才开始说，有个同事喊道：“领导，我愿意去，我是英语八级。”就这样，马上到手的机会失去了，看着那个同事兴高采烈的样子，小马懊悔不已。事后，有个老同事对小马说：“去美国是多好的事情啊，不用自己消费，还长了见识。我哪怕有英语六级也会马上申请和领导一起去，你为什么要犹豫呢？而且，你想问需要翻译什么，可以等到申请之后再问也来得及，还不知道什么时候才能再遇到这样的机会呢！”小马也很后悔，抱怨自己犹豫不定，错失了千载难逢的好机会。

正如老同事所说的，有了好机会先争取，实在不符合要求也没关系。越是好机会，越是转瞬即逝，为此要想抓住机会，必须争分夺秒做出决定，宁可抢错，而不错过。人生始终在进行各种各样的选择，只有激发自身的力量，表现出决绝的勇气和魄力，才能让事情有更好的发展。此外需要注意的是，一定不要总是对于各种事情都很犹豫，否则渐渐地性格就会变得软弱怯懦，人生也会因此而一蹶不振。

生命看似是漫长的历程，实际上非常短暂。俗话说，一寸光阴一寸金，寸金难买寸光阴。每个人的生命都是由时间材料组成的，没有了时间，很多事情都会变得虚无和没有意义。作为年轻人，我们一定不要肆意挥霍青春，而是要更加珍惜宝贵的青春年华，才能在成长的历程中更加快速向前，也有更加丰富的收获。

## 想清楚生活与工作的关系

现实之中，大多数人都要靠着工作来赚取金钱养活自己，有的人有特殊的技能，有一技之长，为此找工作很容易。也有的人身无所长，为此只能做那些吃苦受累且薪水很低的活儿，导致自己怨声载道，根本不愿意把工作做得更好。职场的竞争越来越激烈，社会上更是人才济济，为此要想从众多人之中脱颖而出，让自己有更好的表现，并非容易的事情。作为年轻人，必须要把工作做到更好，才能获得发展和成长，也才能如愿以偿，出人头地。

工作固然重要，但是如果把工作看得太过重要，结果也是很糟糕的。为此，我们要想清楚生活与工作的关系，这样才能对于生活和工作进行合理安排，也才能让人生有更好的表现。

近些年来，人到中年猝死的事例非常常见，他们之中有很多人都是职场上事业有成的高精尖人才，为何会这样呢？是因为他们总是忙于工作，而忽略了身体健康，也对身体向着他们发出的预警信号视而不见。这样一来，等到有朝一日身体罢工的时候，一切都会变得无法挽回。

努力工作是要的，拼命工作却是不要的，因为工作并不是生活的目的，而是生活的手段。然而，的确有些人对于工作有着狂热的爱好，他们从来不休假，就算是在家里过周末也要带着公文包，看文件。他们似乎对于陪伴家人和娱乐休闲没有兴趣，而觉得自己的一切价值都体现在工作上。难道他们真的天生喜欢工作吗？也许是这样的，但是概率很小，更大概率的事件是，他们不擅长安排时间，为此导致无法在单位里做完所有的工作。也有的人因为家庭生活不幸福，为此在工作中寻求逃避和庇护。不管是因为那种原因，都不能持续地工作，因为把每一分每一秒都用于工作并非目的，而是要把工作完成好，才能有所成就和收获。不管是谁，当发现自己对于工作有着异乎寻常的狂热时，一定要理性反省自己，剖析自己如此热爱工作的原因，这样才能让工作顺利推进，也才能保障生活健康。

当然，并非每一个努力工作的人都有工作狂的倾向，因为工作任务繁重，的确有很多职位上的人不得不长时间坚持工作。有一个原则要始终牢记，那就是要保证工作的效率，而不要只是在磨洋工。高效率地完成工作，才有更多的时间进行娱乐休息，而如果总是因为很少量的工作不能完成而消耗大量的时间，则一定会觉得身心俱疲，甚至会感到自己心有余而力不足。此外，工作是永远也做不完的，哪怕我们不眠不休，也总是有堆积如山的工作在案头。既然如此，我们就要做到劳逸结合，一边努力辛苦工作，一边安排好休息和娱乐，这样才能实现可持续发展，让自己如同加满了油的汽车一样努力向前。

说到提升效率，总有些人会进入误区，恨不得自己能变成千手观音，同一时间就能做好很多事情。常言道，一心不可二用。实际上每个人来说，如果每次都能扎扎实实把该做的事情做好，则就能够提升效率。所谓贪多嚼不烂，不管是在学习方面，还是在工作方面都是如此，我们一则要合理安排时间，二则也要在特定时间段集中精力做好一件事情，这就是高效，这也是最快速便捷的方式。如果同时做不止一件事情，导致效率低下，就会事与愿违，非但白白浪费了时间，而且没有把任何事情做好。在现在的社会里，很多人的心态都特别浮躁，而真正知道时间宝贵的人，会踏踏实实静下心来，专心致志地做好该做的事情，从而一步一个脚印地努力前行。

# 第09章 善用时间，让生命中的每一分钟都为未来增值

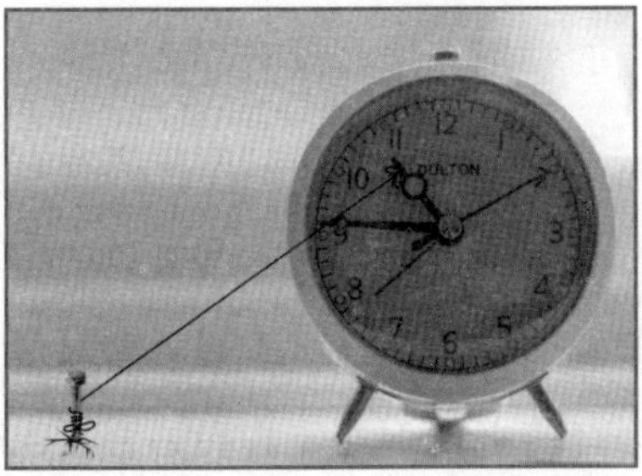

善于利用时间的人，就像读书开卷有益一样，总是能够把每一分每一秒的时间都用在刀刃上，从而使得时间效力最大化。而不善于利用时间的人，常常眼睁睁看着时间从身边溜走，却对时间的流逝无知无觉。没有人知道人生何时戛然而止，既然无法控制生命的长度，那么我们就要拓宽生命的宽度，这样才能让生命变得更加充实且有意义。

# 有技巧地安排时间

记得在初中的语文课上学过一篇课文，是关于统筹安排的，作者是科学家竺可桢。在学习这篇课文之前，可能有些同学对于时间安排就有一定的领悟，但是没有那么明确。一旦学习了这篇课文，马上就会茅塞顿开，意识到原来统筹安排时间这么重要，可以使时间的利用率更高。前文说过，一个人不可能在同一时间做两件事情，而实际上，只要对时间安排合理，这并非不能做到的。因为有的事情不需要我们一直投入时间和精力，在等待的时间里，我们就可以做其他事情，这样一来，当然就实现了时间的双重高效利用。

从本质上而言，这就是有技巧地安排时间的好方法之一，而且并不算真正同时做两件事情，所以对于保质保量地完成工作是有很大好处的。不得不说，安排时间是一项技术活，把时间安排得合理紧凑，就可以保证高效率完成事情，甚至还能有富余的时间。而如果在时间安排方面颠三倒四，则会使得事情朝着被动的方向发展，不但无法按照原计划完成任务，而且会使做事情的效率大大降低。不得不说，损失是很惨重的。

自古以来，关于时间，很多人都进行了讴歌和赞美，也警示世人一定要珍惜时间，才能在人生中有更好的表现。大文豪鲁迅先生说，时间就像海绵里的水，挤一挤总还是有的。所以对于那些常常感叹时间不够用的人而言，就更要把时间巧妙利用好，这样才能把一分钟分成两分钟用，让人生变得高质量高成效，也有出色的成果。然而，挤出时间来用，把零碎的时间聚少成多，变成大段的时间发挥效力，并不是简单容易的事情，而是有很多技巧可循的。

首先，要选择在工作效率最高的时段，做好重要且紧急的事情。一天之中，不可能总是有重要且紧急的事情等着我们去做，为此，要在高效率时段完成最重要且紧急的事情，这样一来接下来的节奏就不会那么赶，时间也会显得更加从容和宽裕。

其次，要摒弃各种干扰，利用好大段的时间。唯有如此，才能把事情做到最好。毕竟人都是需要进入状态，才能有好的工作表现。当一个人开始做一份新工作的时候，效率总不会太高，是因为他还没有进入状态。为了提升状态，一定要集中精神度过适应阶段，这样才能始终保持高效。

再次，把每天要做的事情都列举出来，按照轻重缓急进行排序。这样一来，可以先做最重要且紧急的事情，其次做紧急但不重要的事情，再做重要但不紧急的事情，最后剩下不重要也不紧急的事情，可以做，也可以不做。

最后，要学会排除干扰。在办公室里，因为人来人往，各种突发情况不断，所以总有一些因素会干扰我们的思考力，降低我们的工作效率。在这种情况下，要有意识地摒弃干扰，例如挂断不重要的来电，避免扰乱自己的工作思路；不参与同事们闲谈，从而全力以赴去工作；不要只是等待，而是要开足马力去工作。

当然，为了保持高效率地工作，也不要总是不停地赶工，而是在疲惫的时候进行片刻休息，喝杯咖啡提神，或者喝一瓶酸奶补充能量，这些都是很不错的选择，有助于工作效率的维持和提升。当觉得心浮气躁的时候，还可以进行冥想，从而帮助自己收敛心神，让自己的工作更加快速高效。

对于每个人而言，时间都是生命中最重要的材料，我们一定要合理计划，利用好时间，这样才能让时间更加高效。否则，浪费自己的时间就等于浪费生命，而浪费别人的时间则等于谋财害命。

如果没有时间，生命中的一切都会失去意义，是因为时间就是生命，作为1赋予无数的0以意义。

大多数人都觉得金钱、权势是生命中最重要的，实际上只有时间作为生命的载体才是一切人都不可或缺的。为此不要等到时间悄然流逝之后才想珍惜时间，珍惜生命，而是要未雨绸缪，预先谋划，把一切事情做到最好，这样才能防患于未然，也才能提前做好准备，把事情做好。

# 时间是组成生命的材料

时间是组成生命的材料，浪费时间就等于挥霍生命，更是谋财害命。为此我们要树立正确的时间观念，形成珍惜时间的良好意识，这样才能最大限度利用时间，也才能让生命变得更加有意义。人们常说，困难像弹簧，实际上时间也像弹簧，善于利用时间的人总是把时间安排得非常合理，为此可以用同样的时间做更多有意义的事情。而不善于利用时间的人常常会拖延时间，结果导致时间被无限压缩，原本很长的时间却只做了很少的事情，使得时间的利用率大大降低。

古今中外，很多伟大的人都是善于利用时间的人，他们都具有珍惜时间的意识。微软帝国的缔造者比尔·盖茨曾经说过，挥霍时间无异于挥霍生命。很多人都知道盖茨的创业历史，也知道盖茨当年是选择从世界一流大学退学来创办公司。由此可见，盖茨真的是一个想到就去做，而且争分夺秒的人。作为普通人，我们未必有盖茨的天赋和能力，但是我们和盖茨一样拥有时间，就要学习盖茨把握时间争分夺秒创造价值的精神。在这个世界上，有很多事情并不公平，而真正公平的只是时间。为此，我们要抓住时间，把握时间，这样才能更加有效率地提升时间的效用，让时间创造最大的价值。

遗憾的是，虽然时间对每个人都很公平，但是其实人们对于时间的使用却很不公平。对于浪费时间的人而言，无异于暴殄天物，时间一旦逝去就不会回来，为此浪费的时间就是被彻底消耗掉的生命，是不可能再为我们所用，给我们创造价值的。一寸光阴一寸金，寸金难买寸光阴，很多人年轻的时候肆意挥霍青春，到了老年才发现，即使有再多的钱，也不可能再把逝去的光阴找回来。如果一直等到那时才意识到时间宝贵，那么就为时晚矣。真正明智的人，哪怕现在很年轻，有大把的青春可以挥霍，也会争分夺秒把很多事情做在前面，这样才能真正把事情做好，也才能让人生绽放光彩。

毛毛的拖延症很严重，不仅在生活中常常拖拖拉拉，而且在工作上也总是粗心大意、丢三落四。每天，同事们都已经下班回家了，她还在办公室里逗留，加班到很晚。一开始，领导还表扬毛毛很勤奋呢，后来发现毛毛虽然花费了很多时间在工作上，但是却没有很多收获，为此对毛毛提出意见："江毛毛，你能不能用心一些，这些工作明明可以在工作时间内完成，为何偏要拖延到现在呢？"每当这时，毛毛总是很羞愧地低下头。

随着进入公司的时间越来越长，毛毛需要承担的工作量也日益增大。有一天，毛毛加班之后乘坐电梯时，突然停电，把她吓得够呛。当即，她决定要提升效率，珍惜时间，再也不加班了。次日，毛毛拿着早餐赶在打卡的最后一分钟来到办公室，正当想吃早餐时，发现来得早的同事们不但已经吃完了早饭，而且泡好了茶水，还调整好电脑准备工作了。想到这里，毛毛把早餐放在一旁，也当即开始工作。从早晨九点到中午十二点，她没有吃饭喝水，也没有像往常一样和同事闲谈，结果她有了一个惊奇的发现，那就是这三个小时的工作量简直比之前一天的工作量更大。她受到鼓舞，中午把早饭热了热吃掉，休息了一个小时，下午又开启全力以赴工作的模式。结果，毛毛不但完成了当天的工作量，还把头一天残留的工作也结束了。就这样，她在下班前半个小时无事可做，好好地在微信上和妈妈聊了会儿天。尝到了专心工作的好处之后，毛毛一发不可收拾。每当觉得疲惫想要停下来闲谈时，都告诫自己："我要等到中午吃饭休息的时候再说话。"为了节约早晨宝贵的时间，她还早起了十分钟，在进入公司之前把早饭解决掉。看到毛毛的改变，领导惊讶极了。一段时间之后，因为在工作上出类拔萃的表现，毛毛还得到了小小的晋升。看到自己的成绩，毛毛感到很自豪。

同样作为公司的新人，能够抓住时间刻苦拼搏的人，总是能够提升时间的利用率，让时间创造更多的价值，收获更多的成果。而那些不善于利用时间的人呢？则总是会被时间抛弃，跟在时间后面追赶，却无论如何也赶不上时间的脚步。俗话说，一步领先，步步领先，而一步落后，则会导致步步落后。也有人说，笨鸟先飞。其实，不仅笨鸟需要先飞，作为聪明的人更是要抢先一步，让自己占据先机，这样接着做很多事情的时候都可以有更好的表现，也可以收获丰硕的成果。很多人都羡慕比尔·盖茨的产业，却不知道比尔·盖茨虽然有天赋，也抓住了机会，开创了伟大的事业，但是他从未懈怠过。作为世界上首屈一指的大富豪，他每天都坚持九点半到达办公室，工作到傍晚五点才会离开。正是因为这么珍惜时间，盖茨的帝国才会越来越大。

不要再说自己没有时间，每个人拥有的时间都是一样多的，不会多一分，也不会少一秒。只有真正成为时间的主人，驾驭时间，我们才能利用时间创造价值，创造奇迹。在非休息时间内，请远离那些喜欢闲谈的人。与其把时间用于说些张家长李家短，还不如用时间去创造效益，实现价值。记住，你的时间是宝贵的，你的生命不能被浪费。

## 全神贯注，才能充实度过每一分钟

说起珍惜时间，很多人都会马上想到要提升效率。的确如此，提升效率是珍惜时间的好方式之一，遗憾的是，有太多人虽然把提升效率挂在嘴边，但是在生活和工作中，他们却有常常三心二意，心猿意马，在神情恍惚中根本没有意识到时间的流逝。这就是生命中时间的黑洞，常常会在我们不知不觉间吞噬时间，也导致我们的生命变得更加短暂。

对于时间和生命，人们常常怀有误解。有人说时间就是生命，但是他们却并不像珍惜生命那样珍惜时间。你愿意把生命分给别人吗？当然不愿意。你愿意和我闲聊一会儿，彼此都开开心心的吗？甚至无需征求你的意见，你就已经开始这么做了，因为闲谈是比工作更让人轻松和愉快的事情。但是，闲谈却是吞噬时间的黑洞。此外更为常见的吞噬时间黑洞是，明明可以一个小时做完的工作，最终花费了三个小时的时间才做完，也就是俗话说的磨洋工。很多人根本算不清楚这笔时间的账，他们觉得花费更长的时间做更少的工作，是白白获得了薪水，而实际上，和公司支付给你的那些微薄薪水相比，你所浪费的时间才会给你带来更巨大的、无法弥补的损失。当意识到这一点，你会知道工作时间磨洋工，是对自己极其不负责任的做法。

真正明智的人，会在工作时间内全身心投入于工作，是因为他们知道不好好工作，对不起自己付出的时间，至于能得到多少薪水和报酬，则是次要的。为此，他们完成了分内的工作，还会主动请缨，请求得到更多的工作。正所谓不经历无以成经验，只有见多识广大、经历更多，才能让他们迅速积累经验，也获得成长。不管是在生活中，还是在工作中，都不要让时间悄然流逝，对于自己所花费出去的每一分每一秒的时间，都要物尽其用，使其对于自身的成长和发展起到最大的作用，这样才算珍惜生命。

此外，要想提升对于时间的利用率，还要学会聚集重要的时间做重要的事情。很多人对于管理时间不得其法，总是把时间划分得鸡零狗碎。结果，原本大块的时间被零碎化，根本无法用于做很多重要的事情，而等到必须去做的时候，又因为时间零碎而无法集中精神和注意力。很多人喜欢看关于战争的书籍或者影视剧，那么就会知道在对敌人展开进攻的时候，最好的做法不是分散力量，而是要集中力量攻打敌人最薄弱的环节，这样一来才能增加胜算。分配好时间做事情也是如此，要把效率最高的时间集中起来做重要的事情，这样才能全神贯注，全身心投入，也才能产生能量聚焦效应，让时间的效用更强大。

如果一定要说利用时间有秘诀，或者管理时间有捷径，那就要坚持八个字：高度专注，高度投入。只要做到这八个字，效率就会大大提升，时间的利用率自然也水涨船高。

作为一名编辑，静静太清楚高效率工作的深刻意义。有一天上午，静静原本在独立的办公室里安静地工作，没想到来了客人，有一个同事拿着笔记本来到她的办公室里，非要和她一起办公。想到自己要尽到地主之谊，同事来了总不能板着面孔自顾自工作，否则知道的人了解她是在全神贯注工作，不知道的人还以为她故意冷落同事呢。为此，她就有一搭没一搭的和同事说起来。结果，整个上午，作为责任编辑的静静原本应该完成一万字的审读工作，结果因为注意力不集中，只完成了三千字的审读工作，而且因为总是走神和分心，这三千字的审读工作也没有完全做好。中午之后，同事离开，静静只好重新审读这三千字，结果因为集中注意力全身心投入工作，居然在下班之前把一天的定量都完成了。

上午不专心，勉强完成了三千字下午还得检查。和上午的散漫状态相比，下午很专心，为此下午不但补上了上午的工作量，还把下午既定的工作量也完成了。这让静静深刻意识到是否专心专注对于工作的影响。从此之后，静静或者全神贯注工作，或者完全放松休息，很少再边工作边闲谈，也没有在工作时间想些乱七八糟的事情，为此大大提升了工作效率，也突破了工作的瓶颈，使得自己在努力完成工作之后有了更加充裕的时间休息。

古今中外，每一个有所成就的人未必有过人的天赋，也并不一定得到了命运的青睐或者千载难逢的好机会，但是他们都有一个共同点，那就是非常珍惜时间，也善于合理规划时间。正是因为如此，他们才拥有了比别人“更多的”时间，也让自己在努力奋斗的过程中把握更多的先机，获得更大的成功。

## 时间就像海绵里的水，挤出来才能积少成多

生活中有很多碎片化时间，尤其是在现代社会，人们对于电子产品越来越依赖，很多人都患上了不同程度的手机依赖

症，时不时就会浏览网页新闻，就会刷朋友圈，无形之中把原本大段的时间切割零碎，导致时间的效用极大降低。看起来，每个人每天都忙忙碌碌，有很多的事情需要做，但是等到一天的时间过去，却发现自己并没有利用时间切实做出什么事情。为此，他们感到很沮丧，也很颓废，甚至对于自己产生怀疑，失去自信。不得不说，事情并没有我们想象得那么严重，这一切糟糕和负面的感受实际上都是因为不能把握时间导致的。要想更好地利用时间，就要像挤出海绵里的水一样，把时间挤出来，这样就能积少成多，把零碎的时间合理利用起来。

也许有些朋友说，零碎的时间非常短暂，而且无法集中起来。这里所说的积少成多，并非单纯指的是要把时间都集合起来使用，因为时间不是一种物质，无法堆放成为一堆。如果能够把时间进行调整，使得安排更紧凑固然好。如果时间原本就是很零碎的，那么就可以有的放矢利用这些零碎时间，做相应的事情。例如每天等车大概需要十分钟时间，那么这十分钟是没有办法和其他时间整合起来的，因为谁也不知道公交车到底什么时候来。这种情况下，不妨利用这十分钟的时间背诵英语单词。英语单词是零碎的，时间短的情况下，可以背诵一个。时间如果相对比较长，那么可以多背诵几个。每个英语单词之间并不需要连贯，而是可以独立去认知，为此选择用这样随机的短暂时间背诵英语单词是非常明智的。

对于很多上班族而言，每天结束疲惫的工作，回到家里，一定会觉得很劳累。在吃晚饭、洗漱之后，常常会选择休息。这个时候，零碎的时间是相对大段的，可以看电视节目放松，也可以进行每天固定时间的阅读。古人云，开卷有益，现代社会更是讲究要终身学习，为此即便已经从大学里毕业，走入社会，开始工作，也要坚持学习。读万卷书，行万里路。当然，行万里路是很困难的，而读书则相对容易，而且随时随地都可以进行。何不每天都坚持在入睡前读书半个小时呢？单独看起来，半个小时的阅读时光并不长，但是日积月累、坚持不懈去做，就会形成很好的效果和作用。所谓不积跬步无以至千里，不积小流无以成江海，当把零碎的时间进行合理有效的利用，一定会让人惊喜。

很多年轻人都善于储备金钱，作为人生的启动资金，这样未雨绸缪是很有好处的。然而，时间却不能用来储备，因为时间每时每刻都处于线性流淌的过程中，为此只能采取珍惜当下的方式，来把事情做得更好，也就相当于节省了未来的时间去做其他的事情。这样想来，我们都要珍惜时间，活在当下，也都要明确目标，才能把握方向坚持奋斗和进取。

为了对时间有更深刻的理解，我们还可以把时间效益化，也就是计算自己每个小时的工作报酬。这样一来，对于金钱的重视和计算，会让你更加精确利用好时间。当然，这种方式是为了提升我们对于时间的认知和珍惜程度，而不要因此就放弃进行很多日常活动。例如当你计算出自己每个小时的薪酬是二百元，难道你每天吃饭就会觉得自己吃掉了二百元，而和朋友聚会的时候，明明是接受朋友的招待，但是却觉得自己花费了二百元吗？甚至陪着父母去趟医院，都觉得是自己莫大的损失。这样一来，就进入了极端的想法之中，也就是人们常说的“掉进钱眼儿里”了。时间的价值再大，我们都要照常进行日常生活，也要和他人相处，多多沟通和联络感情。只要形成珍惜时间的意识，把对时间的利用率有效提升，就达到了最初的目的。

## 权衡利弊，才能善用时间

近些年来，中年人猝死的事件时有发生，很多家庭因为顶梁柱的突然坍塌而导致整个家庭支离破碎，承受灾难。在反思职场竞争激烈、生存压力越来越大的同时，也有很多人在反思：为何要以付出生命的代价去工作呢？的确，工作是永远也做不完的，钱也是永远都挣不完的。如果在面对人生中烦琐的事物时不能权衡利弊，做出理性的思考和正确的选择，则会本末倒置，使得效率降低，也有可能因为安排不合理而导致不得不承受沉重的打击和灾难性的后果。

现实生活中，很多人花钱的时候总是精打细算，争取把每分钱都花到刀刃上，然而，大多数人虽然嘴上说着时间就是金钱，时间就是生命，但是他们对于时间却从不像对金钱那么珍惜。为此，他们无形中浪费了很多时间，导致生命的悄然流逝。实际上，时间是比金钱更珍贵的，因为钱没了还可以再挣，也可以采取各种方式节省开支，但是时间没了，生命也就不再了，还能做其他的什么事情呢？总而言之，我们一定要珍惜时间，善用时间，才能发挥时间的最大效用。

最近，莉莉每天都顶着个黑眼圈去上班，原来她因为在追剧，所以晚上看剧到凌晨两三点，早晨困倦起不来床不说，还整个人都昏昏欲睡，导致工作效率大大降低。有一天上午，领导临时让莉莉帮助他准备一份文件，结果莉莉昏头涨脑的，把文件上的一个小数点写错了位置，差点儿给公司带来巨大的损失。幸好领导在用这份文件之前提前检查了一遍，否则后果简直不堪设想。这次事件虽然没有给公司带来极大的损失，但是领导却劈头盖脸使劲数落了莉莉一通。

这次之后，莉莉再也没有发生因为看剧而耽误休息的事情。她晚上很有节制地看两集，等到周末的时候，再痛痛快快地看。不过，这样的日子也没有维持多久。在看到和自己一起进入公司的新人都考取了各种技能证书之后，莉莉也按耐不住。她决定戒掉看剧的习惯，开始自主学习。日久天长，莉莉的生活和学习都进入了良好的循环状态，再也不会浪费时间做那些无聊和毫无意义的事情了。

很多年轻人为了梦想在大城市漂泊，那么就会知道大城市里生活的节奏很快，而且因为地方大，所以很多人都居住在远离工作单位的地方。因为偏远的地方房租更便宜，所以花费在交通上的时间成本就要更多。为此，很多年轻人都疲于奔波，早晨天不亮就起床搭乘公共交通工具赶去单位，晚上下班之后再披星戴月赶回来，本身就已经非常劳累和疲惫，回到家里只想休息。然而，城市居大不易，要想有更好的成长，就要坚持终身学习的精神，这样才能不断充实和提升自我，也获得长足的进步和发展。

当然，学习归学习，工作归工作，一定要合理安排好时间，保持劳逸结合的适度状态。人不是机器，不可能二十四个小时连轴转。为此在感到疲惫的时候，必须要及时休息，才能调整好自身的状态，获得可持续性发展力。否则，如果总是这样内心焦虑不安，身心疲惫，日久天长身体就会被亏欠，自然在学习和工作方面都不可能有更好的表现。古人云，涸泽而渔。不得不说，那些为了工作而放弃休息的人，就是在透支身体，消耗精力，就是在没有规划地面对人生。正如人们常说的，健康的身体是1，其他的一切都是0。只有有1在前面，一切的0才有意义，如果没有1，则所有的0都会变得虚无，也会变得失去意义。为此，在进行时间安排的时候，我们必须要整理清楚思绪，把事情按照轻重缓急进行划分，从而把高效率的时间用来做重要的事情。

人生是一场马拉松，绝不是一次百米冲刺。一个人即使跑得再快，也无法在人生的漫长征途中一下子就到达终点。也有人说，人生是一场没有归途的旅程，没有人知道自己将会遇到什么、经历什么。既然如此，就不要慌慌张张向前跑，而是要调整好心态，以适宜的速度向前，让自己既有速度，也能看到周围的风景，这才是最重要的。当我们真正学会合理分配和利用时间，也就掌握了生命的节奏，也就可以把很多事情都做到最好，这样才能最大限度提升生命的效率，让人生精彩充实，璀璨辉煌。在人生之中，争分夺秒固然重要，闲庭信步也必不可少。

# 第10章 把时间分些给朋友，将来可走的路就多一些

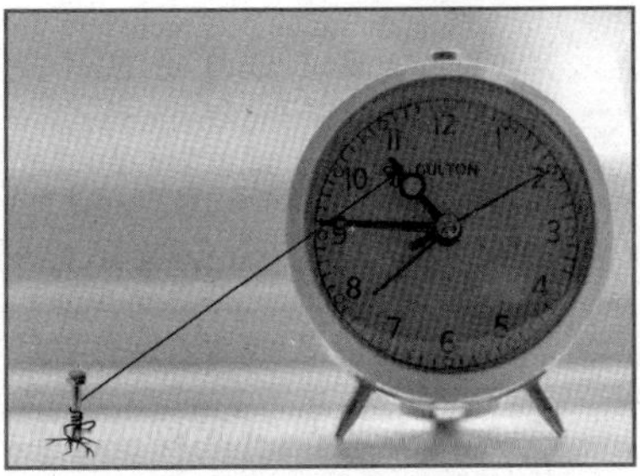

时间固然珍贵，但是却不要形成误解，觉得要把一切的时间都用来做重要的事情，用来赚钱，或者获得名利权势。实际上，人生中有很多事情都比赚取金钱和获得权势更重要，那就是和朋友相处。任何时候，都不要吝啬把时间分给朋友，尤其是在现代社会，人脉资源已经成为最重要的资源之一，也是很多人成功必须具备的条件。要把时间更多地分给朋友，这样才能让将来有更多的路可以走，也才能积累人脉基础，让未来发展更好。

## 做事靠的是合作，而不是自己

孩子们从呱呱坠地，就开始了漫长的学习过程。他们先是靠着本能去学习，掌握很多生存的技能，随着不断成长，进入学校里开始系统学习，掌握知识。在真正成年走上社会之前，孩子们的主要任务就是学习。然而，很多孩子的学习成绩参差不齐，相差迥异，使得父母也感到非常郁闷，不知道自家孩子到底怎么了，为何就没有别人家的孩子表现那么好呢？尤其是对于在同一个班级里的孩子而言，大家都是同样的老师负责教授，成绩却偏偏不同。实际上，孩子学习的好坏在很大程度上取决于自觉。学习，如果只靠着别人来强制和督促，则往往很难获得进步。只有自己不断地努力，也认识到学习的重要性，才会取得好的发展和成就。为此，不要嫌弃学校不够名牌，也不要抱怨老师不是名师，而是要先确定自己足够认真理性和细致。

在学习阶段，自己起到很大的作用，而一旦进入社会生活中，只靠着自己则根本不可行。一个成年人可以凭着自觉做事情，却不能只凭着自觉就把很多事情做好，为此必须发挥团队合作的精神，才能与其他团队成员团结协作，起到一加一大于二的作用。如今的时代里，已经不适合单打独斗的英雄，人与人之间必须精细分工，密切合作，才能把很多事情做得更好。也许在学校里，孩子们对于团队合作的感触还没有那么深，有朝一日走上社会，就一定会意识到只靠着自己的能量根本无法做好很多事情，而且一个人就算能力再强也不可能完全依靠自己获得成功。为此，必须把自己当成是一颗螺丝钉，在团队中起到不可或缺的作用，也积累丰富的人脉资源，才能有更好的发展。

很多人喜欢打球，也知道球类竞技运动只要依靠团队作战，才能彼此默契配合，获得成功。在任何一家单位或者公司，也同样要发挥这样的精神。这个时代里的成功只属于那些善于合作者，每个人的力量都是有限的，每个人都要加入集体之中才能做出成就，也才能让社会和谐高效地运转。细心的朋友们会发现，现实生活中，有很多人发展并不顺利，这不是因为他们能力欠缺，也不是因为品质有问题，而只是因为他们不知道如何合作。还有的人个人英雄主义情节很严重，只想要逞英雄，只想摆脱别人而占有所有的功劳。海纳百川，有容乃大，如果不是因为能够接纳一切的溪流，大海又怎么能这么辽阔呢？为此我们必须有团结协作的精神，才能让个人力量最大化，也才能让自己收获更多的充实与美好。

通常情况下，一个不懂得合作的人往往非常自私，总是以自我为中心，从自身的利益点出发，而很少考虑到他人的感受和需求。不得不说，这样以自我为中心，导致自己变得非常被动和无奈，是很不明智且不理性的。为此，我们必须提升自己，增强团结协作的精神与意识。

人是群居动物，每个人每天都在人群中生活，都要与各种各样的人打交道，而不可能完全离群索居，自给自足。通常情况下，大多数普通的人际交往并不会对我们起到重要的影响，但也有一些交往会决定我们的人生转折，也会让我们的未来发生很大的改变。所以不管是在生活中，还是在工作中，我们都要与人为善，以真诚和平等的心态与他人沟通，寻求合作。当拥有丰富的人脉资源，我们的人生进展就会更顺利，有更加精彩的呈现。

## 朋友的情谊需要维护和浇灌

如今，圈子已经成为人们时常挂在嘴边的热词，每当说起自己的圈子，大家总是会感到非常自豪，尤其是圈子里有很多能人的，更是会炫耀朋友的雄厚经济实力。似乎朋友拥有的一切也是属于他们的，他们随时都可以拿来用一样。的确，对于交往过密、感情深厚的朋友之间而言，有很多资源都是可以共享的。例如，他们可以找人托关系帮忙办事情，有闲钱的情况下，也可以把钱借给朋友使用。然而，这样不分彼此的情谊却不是轻易得到的，而是需要平日里就多多维护，用心经营，这样到了需要用到朋友的时候，朋友才会慷慨相助。否则，如果平日里和朋友之间根本没有交往，甚至连电话都很少打，而是等到需要求助的时候才想起朋友，慌忙打电话套近乎。很遗憾，为时晚矣。别说是朋友之间的情谊，就算是长大成人的孩子与父母之间都需要好好相处，才能加深感情，和谐沟通。为此，明智的人不会书到用时方恨少，而是会坚持与朋友相处，保持联络，从而拥有热切的感情。

当羡慕别人有个能量强大的朋友圈可以调用的时候，也要发动自己当即给朋友打个电话，约朋友一起吃个饭等，这样才能常联系常见面，也才能拥有更加丰富的人脉资源。虽然人脉看不见摸不着，但是在关键时刻却会发生很重要的作用。高质量的人脉关系就像是人生的聚宝盆一样，会把那些蕴含着强大能量的人和事情都聚集起来，各自发挥作用。

很多人都知道比尔·盖茨是世界首富，当年果断地从哈佛大学退学，创办了微软公司，所以才有了如今的微软帝国。如今的比尔·盖茨不但把事业经营得风生水起，而且和妻子一起从事慈善事业，把慈善事业越做越好。实际上，盖茨的成功不是突如其来的，而是有着丰富的人脉作为基础的。

盖茨的曾祖父是一位银行家，他的祖父子承父业，也从事金融行业。在盖茨还很小的时候，祖父为盖茨将来的发展考虑，专门为他设立了百万美元的信托基金。盖茨的父亲是一位大名鼎鼎的律师，他的母亲是IBM的董事。为此，全家人都可以为盖茨的成功助力。当还是一名大学生的时候，就通过母亲的牵线搭桥认识了IBM的董事长，而且从IBM接到了大额订单。正是因为如此，他才会看到商机，下定决心退学，借助于丰富的人脉资源和绝佳的行业发展环境，成立公司。

不可否认，盖茨本身也是非常努力的，正是因为如此，他才能借助于外部的各种有利条件为自己的发展创造基础。很多人在想要创业的时候，或者为了钱发愁，或者为了没有门道发愁，实际上只要有人脉关系，这些难题都能得到解决。一个人综合能力的体现就在人脉关系上，只有经营好人脉关系，才能在关键时刻得到贵人相助，也才能在必要的时候，借助于他人帮忙而走向更好的未来。

还需要注意的是，良好的人脉关系要靠平日里的精心维护，而不要总是平时把朋友丢到脑后，等到需要用到朋友的时候，才会想起朋友。感情是有温度的，只有平日里注意保温，才能保持热络。否则，感情就会渐渐地变冷变淡。即便是在家庭生活中，也要和家庭成员们在一起进行共同的活动，从而联络感情，加深感情。这样的经营和维护，就像是在感情的银行里进行零存整取。平日里存入的越多，等到关键时刻感情才能积累，变得深厚。反之，如果平日里存入很少，则等到关键时刻想要取出一大笔钱，是根本不可能的。也有些朋友觉得自己只是一个普普通通的员工，为此对于积累人脉没有信心。实际上，人与人之间的交往未必都建立在金钱和权势的基础上，而是要更加看重感情。只要付出真心、真诚与情谊，总是能得到回报。

虽然只有人脉未必能获得成功，但是要想成功，除了具备各个方面不可或缺的条件之外，还必须有人脉。有贵人相助，做很多事情都能事半功倍，而如果没有贵人帮助，则很有可能在做事情的时候会陷入被动和无奈之中，也会觉得心有余而力不足。从现在开始，就让我们用心经营好人脉关系吧，唯有坚持去做，我们才会最终拥有人脉圈子，得道多助。

## 人脉是最重要的资源之一

曾经有人说，成功就是拥有一本厚厚的名片本。的确，在前些年电子通讯技术不发达的时候，人们互相见面都会交换名片，这样就算认识了。如今随着电子通讯技术的发达，如果在非重要场合，很多人见面的时候不再递交名片，而是会相互留下手机号，或者加微信。为此，时不时地我们就要整理下手机的通讯录，也要整理下手机的微信圈。这样一来，才能积累更多的人脉资源，也对人脉资源加以利用。

作为学生，每到考试的时候就会书到用时方恨少，因为看着试卷上的那些题目，总觉得被它们认识，却不认识它们。要改善这样的窘况，就要在平日里多多练习，混个脸熟，才能在考试时有更好的表现。与人相处，也是如此。对于那些仅仅有过一面之缘的人，哪怕对方有权有势可以帮你的忙，如果你在平日里从不与对方联系，又怎么确定对方一定会帮助你呢！当然，这只是告诉我们要加强与朋友之间的联络，而不是说交朋友就选择达官贵人。没有人知道谁将会是自己的贵人，只有适时给人脉账户充值，让自己认识更多的人，也拥有更丰富的人脉关系，才能在需要的时候得到他人的慷慨相助。

组建人脉关系网络绝不是朝夕之间就能完成的事情，而是需要经过长久的积累才能渐渐形成规模的。三十而立，四十不惑。如果你在三四十的年纪还没有获得收获，那么就会举步维艰。也有些朋友会抱怨，很多成功的人一出生就有更高的起点，不但拥有更多的资源，而且也因为父母的铺垫而有更多条路可以选择，有更多的人可以慷慨相助。命运从来不是公平的，这一点毋庸置疑，与其浪费宝贵的时间去抱怨，还不如用这个时间去交个朋友呢！古今中外，很多伟大人物之所以能够获得成功，并非因为他们有贵人相助，他们更没有在一出生就拥有更多。他们只是从来不愿意向命运低头，只是非常努力地在充实人脉资源，提升自身的能力和水平，所以才能得到他人的赏识，也才能最终突破自身的限制和禁锢，获得伟大的成功。

在美国的历届总统中，布什家族、肯尼迪家族都是非常有权势、实力雄厚的。和肯尼迪、布什相比，奥巴马的家庭背景则很普通，他的父母并不显赫，也没有错综复杂的社会关系。奥巴马之所以能当选总统，是因为他始终都在用心地为人脉账户充值。他非常善于人际交往，有很多愿意追随他、对他鞍前马后的朋友。例如当年在参加竞选的时候，他就让好朋友充当他的顶级顾问，好朋友不负所望，为他成功竞选做出了很大的贡献。

年轻时，奥巴马在一个居住人群很杂乱的社区里生活，为此结识了很多人。他与这些人先从朋友做起，在一起谈论时事，最终树立了威信，得到了他们的拥护。后来，奥巴马在芝加哥大学当老师，在此期间，他接连参加政治选举，提升了自己的影响力。对于自己想要什么。奥巴马很清楚，为此他与学院里专注于学术的老师之间关系很普通，而与一个同样作为法学教授的同事的关系超乎寻常，后来他把这位同事吸纳为他的竞选团结队成员。可以看出来，奥巴马在有意识地拓展自己的人脉圈子，所以最终才能一呼百应。

作为普通人，我们同样要有属于自己的交际圈子。古人云，物以类聚，人以群分。这就告诉我们做人做事情的时候，要对自己准确定位，从而才能结识志同道合的人。对于那些有着共同的理想和志向的人，一定要很珍惜，唯有如此，才能使其成为我们圈子里的中坚力量。

在职场上，一个人要想有杰出的成就，就必须善于经营人脉关系。有良好的人脉关系，不但有助于推销自己，而且可以让自己的能力得到更多的展示和呈现，也便于找到人生的舞台，让一切都发展顺利。总而言之，要真正重视人脉关系，要把人脉经营到最强大，这样才能得到更多的助力。俗话说，多个朋友多条路，实际上多个朋友不仅仅多了一条路，而是会多很多条路。因为朋友能够发动他的人脉资源来为我们牵线搭桥，那么我们的人脉关系就会呈对数增长，当然会发散出巨大的能量。

## 利用好业余时间决定了你人生的走向

同样作为一个班级的学生，有共同的老师授课，为何有的孩子学习成绩出类拔萃，而有的孩子学习方面却很落后呢？同样在一家公司里工作，有共同的领导，享受公司的各种制度，为何有的人短短时间内就能得到晋升，而有的人却始终在原地徘徊不前呢？父母想不明白孩子的学习表现为何相差迥异，作为成年人也想不清楚自己这么努力，为何从未得到过“公正”的对待。其实，人生总是公平的，命运在给人关上一扇门的同时，还会给人打开一扇窗，重要的在于我们必须足够努力，才能抓住各种千载难逢的好机会，才能让人生朝着我们理想的方向发展。

作为一起进入公司的新人，小王和小张的发展截然不同。

两人如今已经进入公司三年了，小王还和之前一样，每天都在懵懂度日，根本不知道自己应该怎么做，才能有所进步。下班之后，他不是和同事喝酒聊天，就是去唱歌，或者看电影，每个月的工资都早早花光不说，更是连个女朋友都没有。和小王捉襟见肘相比，小张也是如此。不过，小张没有把钱用在享受的消费上，而是一直在努力学习，提升自己。例如，小张大学毕业时英语才过了四级，如今英语已经过了八级，而且还参加了商务英语培训班。小张特别喜欢买书，不管是工作上的工具书，还是文学类的小说、散文等，他都很爱看。在没有上班的日子里，他为了省钱，还会带着小板凳和水去新华书店里蹭书看，一看就是一天。遇到有用的知识，他就用随身带的本子记下来，一年下去，他居然免费读了六七十本书。小张暗自窃喜：这省下了多少钱啊！

三年过去，小张在新华书店里认识了现在的女朋友，女朋友很欣赏他的勤奋刻苦，与他感情发展顺利，已经到了谈婚论嫁的阶段。小张还考下来好几个证书，而且获得了公司里的最佳新人奖、最大进步奖等奖项，在老总那里也挂了名。最近这段时间，小张的顶头上司得到晋升，去了分公司当总经理，为此部门里急需一个负责人。原本，有董事提议从其他部门调人过去空降，老总却说："就让那个各方面表现都很好的小张上吧，我们要破格提拔，让他成为年轻人的楷模，也让公司的年轻人们看到更多的希望。"就这样，小张平步青云，居然成为整个公司最年轻的部门主管，薪水也翻倍了。小张没有骄傲，而是意识到自己更需要学习才能肩负起重任。为此，他更加刻苦学习，每天下班之后不是去上课，就是在办公室里看一些专业书籍和管理书籍。果然功夫不负有心人，在进入公司的第八个年头，小张又一次得到晋升，成为了销售部的主管，而且他也有了幸福的一家三口。

命运从来不会亏待一个努力的人。虽然努力付出未必马上就能得到回报，但是如果从不努力付出，则只会导致命运变得越来越被动和无奈，也会导致人生陷入困厄之中无法自拔。我们必须更加努力用心，更加持之以恒，才能守得云开见月明，才能在成长的道路上奋勇向前，永攀高峰。

从现在开始，再也不要抱怨命运不公平，而是要先想一想自己是否付出了足够的努力。当努力足够，坚持也够久，一切总会变得好起来。通常情况下，坚持一天两天的确不会有明显的效果，但是如果能够始终坚持下去，积少成多，聚沙成塔，量变就会引起质变，未来也会更加璀璨。

从现在开始，一定要坚信学习的意义，也要坚持学习下去。你把时间花在哪里，哪里就会开花结果。当你坚持学习，用心浇灌知识的种子，知识就会发芽，成长为参天大树。在如今的时代里，人才济济，要想从人群中脱颖而出，就必须坚持努力，绝不懈怠。要记住，平凡的你与卓越之间，只是隔着一集又一集的偶像剧，只是隔着坚持再坚持的决心和毅力。

## 你觉得没用的东西也许恰恰很重要

现实生活中，大多数人对于工作都可以做到尽职尽责，但是他们也仅仅是这么去做而已，根本没有把工作当成事业，更没有想方设法去把工作做到更好。为此他们在工作上没有特别出色，而只是做好分内之事，还常常觉得有些东西不重要，或者有些工作没意义，渐渐变得懈怠、懒惰，为此在做很多事情的时候，根本无法全力以赴去做。在这样的情况下，必然导致效率低下，也许会无意间错过原本很重要的东西。

有些东西此时此刻就很重要，有些东西现在不重要，但是未来也许很重要。为此，不管事情大小，也不管事情是否重要，我们都要全力以赴做到更好，这样才能把做过的每一件事情都当成是自己的名片，为自己增加资本。就像今时今日的努力，看起来毫无收获，但是对于未来而言，却有可能变得非常重要，为成功铺垫基础。在这个世界上，没有一份付出是白白付出的，我们必须要调整好心态，扎扎实实去做，才能点点滴滴积累。

很多人一旦发现努力了没有收获，马上就会放弃努力，不得不说，虽然努力了未必有收获，但是如果不努力，就会导致毫无收获。为此，一定要全力以赴地做好该做的事情，不管事情大小，只要用心，收获就会以各种形式出现。例如，我们会得到更好的机会，会得到他人的认可和赏识，这样一来虽然没有得到直接的回报，却得到了间接的收获。所谓有心栽花花不成，无心插柳柳成荫，这是意外的惊喜。

要想提升人生的品质，让人生更加努力向前，只是把眼前的事情做好根本不够。就像前文所说的，要根据事情的轻重缓急进行合理分配一样，要把很多该做的事情做在前面，这样才能让时间充裕，接下来做那些不重要的事情，也有从容的时间处理好突发事件。俗话说，宁早勿迟，把事情做在前面总是没错的，胜过等到时间紧张的时候再匆忙地做事情。只有把事情做得更好，让一切都进展顺利，才能如愿以偿推动事情向前发展，也使得人生不高升。

人在职场，不要养成懒惰的习惯，做任何事情能偷懒就尽量偷懒，而不会主动积极地去做。否则，就会错失很多的机会。如果能够调整思路，改变想法，也主动去做更多的事情，增加经验，更多历练，则人生的道路就会更宽。

读大学期间，艾米很擅长写作，为此还当了一段时间文学社的副社长。这个阶段让艾米觉得非常疲惫，她一边学习，还要处理好文学社的各种杂事，常常从早晨起床就开始连轴转，一直到晚上才能抽出时间来写作。虽然后来文学社还是夭折了，但是在大学毕业后，艾米应聘去编辑部工作，居然发现那几个月的拼命三郎生活，给她奠定了良好的基础，让她对于文字有了更高的敏感性。

和同期进入出版社的几个新人相比，艾米的工作表现是最好的，且驾轻就熟，把文字处理非常好。为此，艾米得到了主编的赏识，负责写一些重要的文章，很快就在编辑部里有了名气。

这样的一份经历，给了艾米进入良好的工作状态奠定了基础，也帮助艾米更加成功。由此可见，只要去做，总有收获，哪怕只是得到经验，对于人生也是很强大的助力。不要觉得自己所干的、所学的、所用的都是没用的，只要踏踏实实静下心来去做，就一定会有所感悟，有所成长。

曾经有一个机会摆在我的面前，我没有抓住，眼睁睁地看着机会溜走了，被别人抓住了。人生中，最大的悲哀莫过于此，只有端正心态，积极努力地向上发展，随时做好准备抓住机会，才能抓住千载难逢的好机会，让自己的未来有所突破，拥有更伟大的成就。

## 成为技术型人才，让自己无可替代

每年到了七八月份，就是大量毕业生涌入求职市场找工作的黄金季，为此很多用人单位也赶在这个时间段进行招聘，目的就是实现双向选择。然而，在经历过毕业季和求职季之后，很多大学生并没有如愿以偿找到工作，这是为什么呢？他们怀揣着大学文凭和各种证书，对于对自己伸出橄榄枝的工作不感兴趣，而当他们对工作表现出兴趣，用人单位又会觉得他们不够优秀，不足以承担重任。正是在这样的错过中，很多大学生都陷入待就业状态，也有很多用人单位抱怨如今的人才含金量太低，经不起考验。

曾几何时，只有大学文凭并不能成为招聘市场上的香饽饽，最重要的是要成为技术型人才，拥有核心竞争力，才能让自己无可替代，也才能从激烈的竞争中脱颖而出，做出优秀的成就。什么叫无可替代呢？也就是说拥有别人所没有的技术和能力。举个例子来说，农民工的活儿最辛苦，为何得到的报酬那么少呢？是因为只要有力气的人，就可以从事农民工的各项工作，既没有技术含量，也不是不可替代的。如果你想吃苹果，去超市里选购苹果的时候，看到草莓正当季，卖得特别好，那么你也许转念一想决定吃草莓，下次再买苹果。这样一来，苹果就毫无悬念地被草莓取代了。所以一个目光长远的人不会只盯着文凭、金钱、职位，而是会全力以赴打造自己的核心竞争力，让自己拥有他人所没有的技术，或者拥有大多数人所没有的技术，这样才能获得长足的进步和发展，也才能让一切都进展顺利。

每年到了高考的时候，每一个父母都盼望着孩子能够考上好的大学，将来找一份好工作，才能成家立业。也有些父母把大学文凭看得特别重要，宁愿花钱给孩子上末流的民办大学，也要让孩子拿到大学文凭。其实在这个过程中，孩子浪费的不仅是家里的金钱，也是人生宝贵的时间。对于那些确实没有学习的天赋也不愿意学习的孩子，父母与其强迫他必须把学习搞好，还不如送孩子去学习一门技术，让孩子成为有职业证书的技术人员，这反而比上一个半吊子的大学来得更好。有些前几年冷门的技术，如今就业前景非常好，特别吃香，优秀的蓝领得到的事业发展甚至远超过看似光鲜亮丽的普遍白领。为此，不要再迷信大学文凭，而是要认真思考，切实找到人生的出路和方向，这才是至关重要的。

当然，这不是说提倡大家都不上大学。实际上，上大学与学习技术并不冲突，所谓的技术也不仅仅局限于蓝领领域。有些本科生尽管文凭很普通，但是他们有核心竞争力，或者擅长写作，或者擅长绘画，或者擅长沟通，总而言之，只要有突出之处，而且区别于他人，就能获得更多的机会去发展。世界从来不是公平的，普通人一抓一大把，既没有技术，也没有特长，前脚辞职，后脚就会有很多人取代他们，为此他们根本不可能获得高薪和很高的地位。而那些高级管理人才或者技术人员，是很多部门、公司里的核心人物，离开他们，公司就无法正常运转，为此他们理所当然拿着高薪水，也获得更大的舞台尽情展示自己。

在竞争激烈、长江后浪推前浪的职场上，老板最在乎的是那些不可或缺的人才，而不会关注随时都可以被取代的员工何去何从。是让自己无足轻重，还是让自己不可或缺，每个人都有自己的权衡，也有自己的选择。既然坚定了站稳脚跟的决心，就要勇敢坚定地走下去，这样才能让自己的人生更加精彩和璀璨。在各行各业，都有专家，他们很权威，说出来的话掷地有声，总是得到人们的信赖和追捧。难道他们天生就有这样的魅力吗？当然不是。而是因为在后天的成长中，他们坚持学习，努力进取，也付出了比常人更多的努力，所以才能持续成长和进步，才能有出类拔萃的表现，成为人人都信服的权威者。

也有些朋友会说自己所从事的工作很普通，永远也没有出头之日。你能相信一个人即使捡垃圾，也可以成为垃圾大王，拥有产业帝国吗？你能相信一个人即使只负责打扫卫生，也可以承包一大片地区的清洁工作，为人们创造干净整洁的环境吗？不要觉得自己无关紧要，更不要觉得自己的工作不值一提。你的工作之所以还未出彩，只是因为你把工作看得太轻。当你发自内心重视工作，也全力以赴要把工作做好，就能够让自己成为特殊领域的技术型人才，让自己变得无可取代。

# 第11章 即使环境不景气，你也要保持好心气

很多人都容易受到外部环境的影响，一旦看到外界有任何风吹草动，马上就会心中惶惑忐忑，不得安宁。这样摇摆动荡的心态影响下，一个人很难保持内心的笃定，也会使得在面对人生中各种突如其来的打击时失去理智，不能正确应对。真正强大的人，不管外界如何改变，内心始终淡然从容，知道自己想要怎样的人生，也知道自己应该怎么做，从而从容不迫做自己，心气始终高，希望不曾泯灭。

# 做人就要输得起放得下

一个人如果放不下，必然拿不起，如果输不起，也就赢不了。人生就像在漫无边际的海上航行，总是会经历各种风雨打击，要学会应对这样的磨难，从而才能始终保持笃定的心，牢记着自己的目标和方向。遗憾的是，现实生活中，有太多人都伤不起，他们把生活幻想得花团锦簇，总觉得生活理应呈现出最理想的状态，却不知道生活就像五月的天、孩子的脸说变就变，时而阴雨，时而晴朗。只有输得起放得下，才有大气魄，才能调整好自己的心态，也才能激励自己以最佳的心态面对人生，面对一切。

谁的人生能够一帆风顺，从来也不会遭遇打击和磨难呢？谁的人生能够一蹴而就，轻轻松松、毫不费力就到达人生的巅峰状态呢？天上从没有掉馅饼的好事情，也没有免费的午餐可以享用，很多时候我们付出了艰苦卓绝的努力，却没有收获。这个时候，是抱怨命运不公，还是擦干净眼泪继续向前呢？当然是要继续努力，因为努力了才有希望，才有成功的可能，才能在成长的道路上始终都昂扬振奋，精神的旗帜永远不倒。

曾经有心理学家经过研究发现，大多数人的先天条件相差无几，之所以有的人总是失败，有的人能够获得成功，并非因为成功者有独特的天赋，也并非因为失败者常常被命运亏待和打击，而是因为他们面对人生的态度截然不同。成功者有着顽强不屈的精神，不管在生活中遭遇怎样的困境，他们始终都能够勇往直前。而失败者呢？他们具有失败的气场，做任何事情都未雨绸缪过度，变得杞人忧天，一旦看到事情的发展超出了自己的预期和想象，他们就会变得很沮丧，一蹶不振，放弃努力，这样一来当然会彻底失去成功的可能性，与失败绝缘。这也就可以理解他们为何总是失败，不能获得成功。

在还是一个小姑娘的时候，阿箬就梦想着有朝一日能够成为一名老师，给孩子们讲授知识和做人的道理。然而，这样的梦想尽管瑰丽，却因为家境贫寒而一夜梦碎。在拿到大学录取通知书的那一刻，阿箬心中既喜且悲，因为通知书上的落款是她最心仪的大学，而在学费的栏目里则写着冗长的数字。阿箬知道父母根本没有那么多钱，借也借不到。为此，阿箬决定把通知书拿给父母看过之后，就丢掉。果不其然，一切和阿箬预想的一样，爸爸在看到高额学费的时候，脸色陡变。阿箬对爸爸说："爸爸，我不去上学，我去打工！"

就这样，当同龄人都背起行囊高高兴兴去上学时，阿箬却去了遥远的城市打工。她进入一家服装厂，成为流水线上的工人，每天都要做很多繁重的工作。一段时间之后，阿箬对于服装设计产生了浓郁的兴趣，也知道了如何剪裁。阿箬拿起笔，开始进行服装设计，一开始，很多人都嘲笑她痴人做梦，后来阿箬居然在业余组的服装设计大赛中获得了银奖。老板当即找到阿箬，要购买她的获奖作品。对此，阿箬说："我不想卖掉它，我只想成为公司的设计师，让它作为我给公司的献礼。"老板当然愿意，当即把阿箬调到服装设计组，成为了一名设计师。此后，阿箬一边自学，一边向着其他的设计师同事学习，进步非常大。后来，她还被公司派出去学习一年的时间，让设计水平更上层楼。最终，阿箬成为了大名鼎鼎的设计师，她设计的服装得到了很多人的喜爱。

很多人都想获得成功，遗憾的是，成功总是要与我们玩会儿捉迷藏，才会极其不情愿地出来，给我们带来微弱的光。从古至今，那些获得成功者，无一不具有顽强不屈的毅力，无一不具有坚韧不拔的信念和信心。正是因为如此，他们才能排除万难，做出最优秀杰出的表现。

不管人生陷入怎样的境遇，也不管人生遇到怎样的坎坷艰难，都要始终心怀希望。当伤口慢慢地结疤，就会成为对人生的激励。当感到疼痛的时候，如果能忍住不哭就笑一笑吧，你会发现笑着笑着，心情就变得好起来。一路鲜花和掌声固然让我们内心欢喜和愉悦，也会让我们因为膨胀而迷失自我，适度的打击恰恰会帮助我们恢复心智，也让我们更加勇敢，努力向前。虽然每个人对于人生都满怀期待，也充满希望，但是人生却有很多灾祸会突如其来地发生。我们要竭尽全力掌控好一切，也要对于不能掌控的事情，尽量做到圆满。就像我们不能改变环境，却能够适应环境一样！

## 耐心等待，努力必然花开

众所周知，昙花一现，是因为昙花开花的时间非常短暂。而且，昙花在深夜绽放，让爱昙花的人必须耐心地等待，才能见到绝美的景色。人生之中，犹如昙花一现的事情很多，往往需要我们付出长久的努力和不懈的坚持，才能有结果出现。这样的结果或者是好的，或者是坏的，是一个阶段努力的总结。遗憾的是，现代社会总是有很多人心浮气躁，他们不愿意等待，每天都忙忙碌碌，急急躁躁，看起来把时间付出了很多，实际上却并有得到想要的结果。

最近几年热播的美食栏目《舌尖上的中国》为观众带来视觉盛宴，有的朋友一边看着节目，一边感到肚子饿得咕咕叫，原来是馋虫被勾引起来了。那么，如何才能亲手做出美味佳肴呢？除了要有最新鲜的食材之外，还要掌握好时间。深谙美食之道的朋友们都知道，有的食材可以生食，有的食材必须熟食。而在熟食的材料中，有的食材必须猛火爆炒才能有滋有味，有的食材必须经历很长时间的炖煮才能焕发出更好的滋味。这是由于不同食材的品质和对于时间的要求决定的。做一餐普通的食物需要花费几个小时的时间，而要想在时间的沉淀中获得美味，就需要几年甚至十几年的时间，更何况是经营人生呢？

现代社会，太多的人越来越浮躁，他们忙着挣钱，找好工作，换大房子，买豪华的车子，却忽略了在进行这一切的时候，付出了最重要的时间成本。面对越来越多的诱惑，他们不知道什么才是生命中最重要的，为此常常会觉得无奈，也会因为心浮气躁而变得很压抑，很无助。如今有那么多心理扭曲的人动辄就做出极端的举动，或者伤害他人，或者伤害自己，实际上就是因为盲目求快导致的。上班的路上，你行色匆匆，没有注意到太阳正在从东方升起；下班的路上，你急急忙忙，没有发现落日的余晖照在路边，花花草草似乎都变成金色的了。就这样整日披星戴月砥砺前行，你真的得到自己想要的了吗？你又失去了什么呢？不想清楚这一点，人生就会很迷惘，根本不知道要何去何从。

大学毕业后，小梦和两个同学一起应聘进入同一家公司。她们既是好姐妹，各自的心中也都卯足了劲，想要分出个高低胜负。为此她们工作都非常努力，尤其是小梦，更是拼尽全力，经常主动加班，帮助其他同事分担工作，也毛遂自荐承担起繁重的工作。

转眼之间，一年的时间过去，小梦自觉基础很扎实，想着一旦得到机会就要努力晋升。果然，半年多后，部门主管因为生孩子辞职，为此小梦和两个同学一下子成为竞争对手，全都当机立断递交了参与竞聘的请求。除了他们之外，还有几个老同事也参加了竞聘。在领导的综合考量下，决定让小梦的同学胜任主管，而让另外一个同学和小梦都要向着新主管好好学习。小梦很不平衡："我们都是同学，毕业于同一所大学，而且在公司里我可是有名的拼命三娘，为何却让她当主管呢？"新主管走马上任第一天，其他同事都对新主管表示欢迎，唯独小梦一百个不愿意，压根不买主管的账。

未来的日子里，小梦始终愤愤不平，和新主管闹得很不愉快，只好辞掉工作，另谋高就。其实小梦不知道，当时公司领导之所以没有提升她当部门主管，是因为公司很快要开设一个新的部门，准备让雷厉风行、能力很强的小梦去新部门开天辟地呢！但是，既然小梦已经辞职了，这个新部门主管的职位自然落到另一位同学身上，也就彻底与小梦无缘了。

对于很多出乎预料的事情，我们往往会感到震惊，也会觉得难以接受，每当这时，不要急于表现出态度，而是要给予自己更多的时间去恢复情绪平静，从而才能理智思考，也做出正确的选择。

现实生活中，偏偏有很多人都特别心急，他们明知道心急吃不了热豆腐，还常常会对自己提出各种过分的要求，不得不说，这是非常糟糕的行为表现，非但不利于解决问题，还很有可能导致事与愿违。

现代社会，缺少的是能耐得住寂寞，也能把冷板凳坐穿的人。尤其是年轻人原本就刚刚走上社会，缺乏人生经验和阅历，在工作上也没有什么成就，就更是要谦虚低调，磨炼自己的心性，让自己戒骄戒躁，脚踏实地向前发展。否则总是急于求成，还没有学会走路呢，就坚持要跑步前进，只会摔得鼻青脸肿。

保持一颗笃定的心，还要戒掉攀比和虚荣的心态。现实生活中，很多人都喜欢比较，动辄就把自己和这个人比，和那个人比，比得过了就很高兴，失败了就很沮丧。

其实，比较毫无意义，每个人都是世界上特立独行的生命个体，都有自己的人生目标和方向，为何要盲目把自己与他人放在一起比较，找不痛快呢?

正确的比较方法，是把自己的今日与昨日比较，看看自己是否有进步，是把自己的现在与过去进行比较，看看是要再接再厉，要是要总结经验和教训，从而获得更好的突破和更大的成就。尤其是不要在物质方面与他人比较，每个人要想生存，所需要的物质其实很少，偏偏有太多的人都被物质的欲望所累，总是奢望得到更多，得到一切美好的，最终坠入欲望的深渊，让人生呈现出绝望的状态。

只有把欲望简化，让自己的内心简单而且清明，才能更多地专注于内心，也获得精神上的满足和愉悦。

## 淡然从容是人生的至高境界

还记得几十年前的日子是怎么过的吗？那会儿大哥大很大，和砖头一样，去哪里要想拎着大哥大，必须拎着一个公文包。现在手机很小，最大的也就和巴掌差不多，但是功能却比之前多了很多，为此人与人之间真正实现了咫尺天涯。从几十年前等一封信需要十天半个月，到如今发一条信息只需要动动手指，从几十年前发信息恨不得连标点符号都不要，因为太贵，到现在长篇大论发微信也不要费用，人们得到了便捷的同时，也变得更加忙碌。曾经，吃饭是全家人最高兴的时候，因为可以一家人坐在一起，就算只有馒头咸菜和玉米糊，吃着也是香喷喷的。现在呢，一家人每天各自在单位、学校吃快餐、外卖，偶尔周末能聚集在一起吃饭，却总是各自看着各自的手机，不知道应该说些什么。沉默的一餐饭，少了欢声喜爱语，变得无滋无味。

改变最大的是夫妻之间的关系。过去的人尽管不懂得浪漫，却不好意思把物质和金钱挂在嘴边，成为刺入所爱之人心中的刺。现在的人呢，虽然懂得浪漫，七夕要过，情人节要过，元旦、圣诞节也要过，但是只有转瞬之间的甜蜜，其他的日子里总是在质问对方为何不能多挣一些钱，给家里换大房子，买豪华的车子。结果渐渐的，夫妻的感情变得越来越冷漠，夫妻关系变得疏远，家也少了家的味道和温暖。

即使不甘寂寞和心浮气躁已经成为社会生活的常态，纵然再也没有人想和陶渊明一样“采菊东篱下，悠然见南山”，我们是否还是应该尽量保持淡然的心，这样才能宠辱不惊，闲看庭前花开花落，去留无意，漫随天外云卷云舒。正如一句网红语所说的，生活不止苟且，还有诗和远方。如果我们的心中只剩下现实的残酷和无奈，又靠着什么来度过余生呢？常言道，心若改变，世界也随之改变，那么就不要等着被世界逼着改变，而是要积极主动地改变，才能让人生有更多的惊喜和奇迹。

也许有人说，保持淡定这是偶尔的情怀罢了，在这个急功近利的世界里，谁能一直淡定下去啊，岂不是要被别人甩下十里八街吗？我们需要弄明白淡定不是不努力，更不是无所作为，而是内心的笃定、淡然和从容，是一种气魄，更是一种气质。要想保持淡定，就要内心博大宽容，而不要斤斤计较，更不要总是把关注点放在那些不快乐的事情上。没有人的一生能一帆风顺，从未有挫折和坎坷。其实，各种磨难正是人生的常态，既然逃避不了，就要做到勇敢面对，就要真正全力以赴坚持做到最好。

大学毕业后，娜娜用妈妈这些年来给她存的钱开了一家小小的花店，因为娜娜从小就喜欢花，也最喜欢和花打交道。她说：“开花店是我的梦想，因为来买花的人一定带着对他人的爱和祝福，心底善良宽容，我愿意和他们打交道。”然而，真正经营一家花店，和娜娜所想的还是有差距的，有的时候一整天都没有客人光顾，娜娜就在花店里看书，修剪花草。有的时候，同学来找娜娜玩，看到娜娜孤单寂寞的样子，总是很同情娜娜。娜娜却说："这正是我想要的生活啊，我喜欢简单明了，也喜欢安安静静。还有你们偶尔来陪我喝茶，聊天，简直赛过神仙。"也有的同学劝说娜娜应该去找一份正式的工作，这样才能让自己有更好的成长，也可以得到锻炼，为将来发展事业做准备。娜娜却不为所动："开好花店就是我的事业。我有个计划，让来买花的人都给我讲个故事，这样就可以以八折的价格买花。等听到的故事多了，我就要写书，在花店里写书，是不是很浪漫呢？"同学们看到娜娜怡然自得的样子，再想想自己每天为了工作和生活疲于奔命，也就不再劝说娜娜了。

对于人生，每个人都有自己的理想，也有自己的设想。有人觉得充实忙碌的人生最好，否则就是虚度，有人觉得人生就要采取慢节奏，用一个小时的时间吃早饭，用一个小时候的时间喝下午茶，想想就非常美妙。人各有志，我们不能强求别人，却要笃定做好自己。

古人云，欲速则不达。现代社会，很多人都觉得快是一种时尚和潮流，实际上，慢才是更难得的。所以作为年轻人，一定不要盲目地追求快，而是要以适宜的速度去成长和发展。有的时候，快就是慢，有的时候，慢就是快。唯有知道自己想要什么，才能避免急于求成，而错过了身边最美丽的风景。

## 你可知道别人正在羡慕你

如今的人幸福度很低，看起来社会发展快速，物质极大丰富，经济也上也开始腾飞，但是有很多人都说还没有父母那一代人吃大锅饭的时代更幸福。人们不但羡慕祖辈，而且还常常羡慕身边的人。例如很多女性朋友羡慕别人家的孩子学习好，羡慕别人家的老公赚钱多，羡慕别人家的老人是带薪保姆，为此也就相应了有了抱怨。抱怨自家的孩子没有遗传父母的学霸基因，学习方面一团糟；抱怨自家老公挣钱少，官职小；抱怨自家的老人非但没有退休金，还这里疼那里疼，天天都在花钱去医院，只能帮倒忙。却不知道，这样怨声载道非但不能解决问题，只会扰乱自己的心情，导致对于生活更多了几分无奈和戾气。

很多人都会犯一个错误，那就是这山望着那山高，总觉得自己所在的山头是最矮的。实际上，这只是心理上的错觉而已，很多时候你在羡慕别人，却不知道别人正在羡慕你。为此，不要再为了羡慕别人而扰乱了自己的心，与其陷入盲目的攀比和比较之中，不如笃定于自己的生活，把自己的人生经营好，就是最大的成功。俗话说，人心不足蛇吞象，这是因为人有很多的欲望，只有控制住欲望才能掌控自己，而一旦沦为欲望的奴隶，则只会被欲望驱使着向前走，根本不可能主宰和驾驭人生。

牛每天都要犁地，非常辛苦，为此它怨声载道，说："下辈子，我一定要做一只猪，每天除了吃，就是睡，多好！"猪说："好什么好，你以为人类真的是对我好吗？他们只是想快点儿把我喂胖了，然后把我宰了吃肉。还是羊好，只需要挤出来奶，就可以交差了。"羊说："我吃的是草，挤出来的是奶，我有什么好的。你们看看狗，每天都吃香的喝辣的，只不过等到有人靠近院子的时候喊几声吓唬人而已。"狗说："我的窝棚在房子外面，冬天特别冷，夏天特别热，你们看看猫，每天恨不得睡在主人的被窝里，喝着牛奶、羊奶，吃着猫粮，住着空调房，简直不要太舒服啊！"猫说："你们可曾半夜三更起床捉老鼠，就算没有老鼠，也常常会被主人们吵架的声音惊醒，吓得浑身都哆嗦。我倒是愿意利索地干活，不要有这么多的闲事呢……"

几乎每个动物对于自己的生活都不是很满意，而觉得其他动物的生活更好，这是为什么呢？其实，所谓的好与坏总是相对的，就像人类社会中，没有人的人生绝对是好的，也没有人的人生绝对是不好的。当心态变得平和淡然，能够以中庸的态度来面对这一切，我们就会有平和的心绪，也能够进行理性的思考，这样一来就可以全面评价自己和他人的人生，知道自己的生活虽然看起来没有那么华丽，但是也没有糟糕到哪里去。这样一来，内心获得平衡，也可以继续充满力量地前行。

其实，现实生活中的很多比较都是毫无意义的，既然如此，不如规避这些比较，把宝贵的时间用于做更加重要的事情。人生中的每一分每一秒都是弥足珍贵的，这些时间绝不是让我们用来羡慕别人的，而是为了让我们争分夺秒，做有意义的事情。

人人都追求成功，但是每个人对于成功的定义和标准都不同，有人觉得岁月静好、生活安稳是成功，有人觉得有权有势是成功，有人觉得呼风唤雨是成功，有人觉得拯救人类才是成功……每个人对于成功都是极具个性色彩的定义，每个人对于成功都会感到非常珍惜。然而，成功从来不会一蹴而就，更不会轻松获得，唯有付出百倍的努力和恒久的坚持，才能距离成功近一步，更近一步。

鞋子是否合脚，只有自己知道，如果为了穿上美丽的水晶鞋而削掉了自己的脚趾或者后脚掌，导致血流不止，连健康都不复存在，还谈何美丽呢？人生最大的幸运是找到适合自己双脚的鞋子，而不是穿着别人的鞋子，因为别人的鞋子即使再漂亮，也未必适合我们的脚。成功也是如此，我们可以借鉴他人成功的经验，却不要套用他人的成功模式，否则一定会很麻烦。不管你此时此刻正处于哪个年龄阶段，不管你已经在生命之中拥有什么，都要淡定做自己，才能活出独属于自己的精彩人生！

## 始终怀着一颗积极乐观的心

在遭遇生活的困厄时，如果一蹶不振，不再努力，那么就不可能战胜人生的磨难，真正崛起，反而会因为放弃希望而彻底绝望，也陷入人生的黑洞中无法自拔。这个世界上有很多人，他们能力相当，各种条件和外部因素也很相似，但是却有了截然不同的人生，这不是因为命运，而是因为他们面对命运采取了不同的态度。

现实生活中，很多肢体健全的人总是怨声载道，或者抱怨自己没有有本事的父母铺垫基础，或者抱怨自己运气不好，始终都不能结识贵人，又或者抱怨自己生不逢时，为何不早生个几十年呢？不得不说，怨气这么重的人，不管生在哪个年代都只有抱怨，而不可能抓住机会努力进取。一个人最终会获得怎样的成就，并不主要取决于他们有多少外部资源，而更多地取决于他们内心有多么强大的力量。

海伦在刚刚出生的时候是一个健康可爱的婴儿，然而，在十九个月的时候，一场突如其来的猩红热袭击了她，在昏迷几天生命垂危之后醒来，年幼的她没有意识到自己有了什么变化。因为持续高热，她失去了视力和听力，也不能说话。小的时候，她不知道自己和其他人有什么不同，依然很快乐。随着逐渐长大，她知道了自己的身体状态，为此变得非常烦躁。正在此时，爸爸专程给她请来家庭教师，教授知识，认字读书，为她打开通往外部世界的通道。

爸爸请来的莎莉文老师自己也曾有过险些失明的经历，为此她很理解海伦的感受，想方设法引导孩子认字。等到海伦可以独立阅读盲人书的时候，她的世界投射进来久违的光芒。从此之后，在莎莉文老师的帮助下，海伦在求学的道路上始终勤奋刻苦，坚持不放弃。她不但考上了大学，还顺利完成了大学课程。在此期间，她吃了很多的苦，也经受了很多的煎熬，却从未放弃过。莎莉文老师也对海伦不离不弃，在海伦从大学毕业投身于公益事业后，莎莉文老师也一直陪伴在海伦身边。对于自己的一生，海伦尽管有遗憾，却不觉得缺憾。她说："如果我有健全的身体，也许未必会有今天的成就。正是因为我和正常人不一样，所以我才会更加奋发努力，实现人生的价值。"

如果一个重度残疾的人能把人生经营得风生水起，作为一个四肢健全的人，我们有何理由对命运缴械投降呢！真正的希望始终长存在人们的心底里，只要内心不屈服，永远也不放弃，就一定可以以顽强不屈的精神战胜命运，扼住命运的咽喉。

伟大的音乐家贝多芬在双耳失聪之后，创造了《命运交响曲》，对着命运呐喊，也坚决不愿意向命运臣服。中国古代司马迁遭遇宫刑，在监狱里坚持完成了《史记》的创作，给后人了解历史留下了一部经典著作。在西方国家，有个人身患海豚肢症，四肢退化，相当于没有四肢，只剩下上半身的躯干顶着大脑袋，但是不但事业有成，还娶得美娇妻，拥有幸福的家庭。不要说生命没有奇迹，最重要的是你要坚持创造奇迹的心。当你始终乐观坚强，就是再残酷的命运也无法打倒你，更无法击垮你。

# 第12章 早一点开始努力的人生，早一点摆脱无助的生活

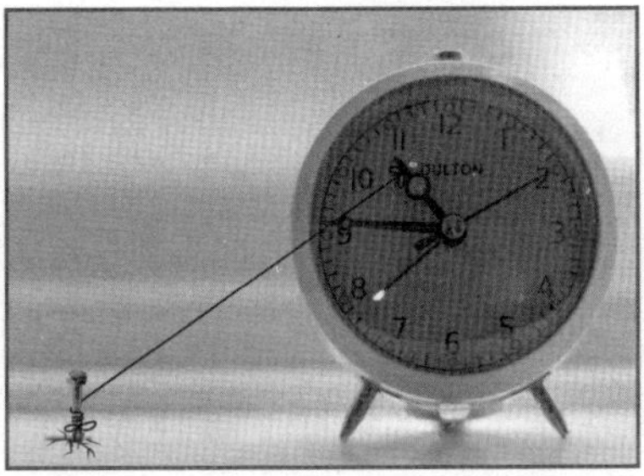


与其抱怨生活，不如从现在开始就努力抓紧时间，争分夺秒地创造生活。因为抱怨非但于事无补，反而会让我们陷入负面消极的情绪中无法自拔，与其如此，还不如振奋精神，怀着积极的心态开始努力的人生，也尽早摆脱无助的生活。

## 只要你不淘汰自己，社会就不会淘汰你

适度的未雨绸缪当然是好的，可以让我们尽早做好准备，避免事到临头仓皇失措。然而，如果过度未雨绸缪，变得杞人忧天，就会导致对自己缺乏信心，做很多事情都束手束脚。稍有迟疑，原本摆在眼前的机会就失去了，再有犹豫，会使事情的局势发生很大的改变，为此人生止步不前。和那些盲目自信、狂妄自大的人相比，还有些人总是盲目悲观，妄自菲薄。正如人们常说的，信心是人生飞翔的翅膀，而缺乏自信则会让人生止步不前。任何时候，我们都要对生活怀有希望，对自己怀有信心，唯有如此，才能在成长的道路上不断前进，也才能拼尽全力创造精彩辉煌的人生。

人生从来没有回头路可以走，每个人都只能向前，而不能退后。为此，人生就要落棋无悔，也要在进行的过程中充满动力，绝不畏缩和退却，否则失去的一切很难找补回来，只能徒留遗憾。

最近，大学毕业的张倩正在找工作，她对于自己缺乏信心，在很多时候明明面对着好机会，却总是迟疑不定，不敢去抓住。有一天，同学告诉张倩："你最心仪的那家外企公司在招聘，赶紧投递简历，只要能获得面试的机会就是成功！"

张倩很迟疑：“我能符合要求吗？我英语水平才四级。”同学说：“四级没关系啊，已经达到入门级。如果能被聘用，将来再继续深造，而且外企的工作氛围可是很适合提升英语水平的。”张倩还是很犹豫，同学说：“哎呀不管你了，我反正要投递简历。”

张倩思来想去，还是没有投递简历，一段时间之后，她听到同学换工作的好消息，这才知道同学居然通过了考核，顺利加入公司。张倩懊悔不已：“同学的水平还不如我呢，她都能通过，我也应该没问题。我为什么不投递简历啊，简直太让人郁闷了！”张倩错过了这个机会，再想等下次招聘就很难了，而且公司每次招聘的要求和侧重点也会有所不同，说不定张倩下次就不符合要求了呢！正所谓机不可失，时不再来，这次可是给了张倩极大的教训。

在这个事例中，张倩如果在同学的鼓动下也投递简历，说不定能和同学一样也获得成功。然而，公司结束了招聘季，她失去了这个机会，也许很难再进入这家心仪的公司。实际上，对于每个人而言，当机会就在眼前的时候，即便非常努力，也要去争取一下，否则眼睁睁看着机会从眼前溜走，却无所作为，必然导致内心充满遗憾，追悔莫及。

正如人们常说的，努力了未必能够获得成功，如果不努力，却只会导致彻底失去成功的机会，与失败结缘，纠缠不清。为此，我们真正要做的就是把握更多的机会，让自己的人生拥有更多的可能性。唯有如此，才能激励自己不断地向前，持续地进取，也才能让自己变得更加坚定、勇往直前。

俗话说，金无足赤，人无完人。在这个世界上，每个人都既有优点，也有缺点。我们既不要因为缺点而妄自菲薄，也不要因为优点而狂妄自大，唯有客观公正认知自己，怀着不卑不亢的态度对待自己和他人，也怀着脚踏实地的态度做好人生中的每一件事情，才能获得丰厚的回报，才能让人生精彩呈现。命运总是公平的，在给你关上一扇门的同时，还会为你打开一扇窗户。为此要学会苦中作乐，要以积极的态度面对人生，也要从绝境之中看到希望。古人云，山重水复疑无路，柳暗花明又一村，就是人们在突破绝境看到人生的希望，也是人们在不断地坚持中激发出生命的潜能和力量。尽管社会现实是很残酷的，优胜劣汰使得我们每时每刻都要绷紧神经应付一切，但是我们最要紧的是勇敢面对和接受挑战，而不是在还没有努力的时候，就轻而易举选择放弃，更不要不战而降。

## 别让自己成为负能量团

如今，有很多人都喜欢刷朋友圈，或者发自己的动态，或者看别人的动态。有的时候，看到能够打动人心的鸡汤，或者朋友在圈里说一些振奋人心的事情，的确会觉得内心激情澎湃。这是因为我们看到的是正能量的信息。然而，也有一些人是负能量团，他们不管说话还是做事情，常常会带有沮丧的情绪。当他们把自己的消极思想和状态发布到朋友圈的时候，却不知道自己给他人带来了影响。诸如，一个人在朋友圈发布：“每天过着这样奔波的生活，什么时候是个头啊，还不如回老家惬意呢。”这样的一条动态看起来平淡无奇，如果有另外一个人恰巧此时不想在大城市继续生活，正在犹豫纠结之际，那么看到这条动态就会如同找到了支持，也许马上就会决定放弃坚持。还有的人在别人都欢天喜地过情人节的时候，突然发一条：“没有情人的情人节，只能被虐狗。”这条动态让看到的朋友如何回应呢？是点赞，还是说点儿什么，还是什么都不说，似乎左右为难。渐渐地，这些总喜欢在朋友圈传递负能量的人就会被朋友们视而不见，人气低迷，也会因此而陷入各种负面被动的状态，失去朋友。

每个人在这个世界上生存，都会面临各种各样的压力，遭遇形形色色的困境，可以说没有任何人的人生是一帆风顺、无忧无虑的。当磨难成为人生的常态，我们却不能让消极沮丧和悲观绝望也成为人生的常态，否则就会导致内心越来越焦虑不安，自暴自弃，也会失去朋友，变成真正的孤家寡人。当然，偶尔自嘲一下倒是能表现出内心的豁达，如果总是自嘲，则只会惹人生厌。毕竟人人都要向前看，而不能始终停留在原地无法取得进步。生活原本已经很艰难，我们每天鼓励自己才能坚强地活下去，积极地面对生活，为何还要听一个人在我们耳边持续地以各种方式说那些丧气的话呢？只有坚定不移努力向前，只有绝不放弃人生的希望，我们才能更加全力以赴奔向美好的未来。

最近，思琪正在张罗换工作的事情，是因为她对于之前的工作觉得不能胜任，因而想换一份轻松的工作。在同学、朋友的帮忙介绍下，思琪终于找到新工作，是做前台文秘的。思琪原来做销售的，每天都要和客户打交道，她觉得自己受不来客户的气，也不会巴结和讨好客户，为此坚持要找一份非销售工作，如今如愿以偿，还请大家吃了顿饭表示庆祝呢！

周一，思琪带着希望去了新公司。前台的工作看似清闲，实际上并不想思琪想象中那么轻松。第一天，就有同事让思琪帮忙复印身份证，要把两面复印到一张纸上，结果思琪不会做，折腾了半个多小时，还是其他同事帮忙才复印好的。这件事情给思琪留下阴影，晚上，她对朋友抱怨："前台文秘不就是负责接待的么，怎么还要帮同事复印啊，真不明白他们怎么就不能自己复印。"后来，前台的事情越来越琐碎，还要帮同事们订饭等，想到众口难调，思琪就很郁闷。后来，思琪觉得前台事情太杂乱也不好做，就申请调到办公室里，负责处理文件。有一次，经理突然接到开会的任务，助理恰巧不在，为此让思琪帮助他加急写一份发言稿。思琪上学的时候就惧怕写作文，又不敢推辞领导，为此只好复制粘贴了一篇发言稿，改得驴唇不对马嘴交给了经理。可想而知，思琪让经理出了洋相，被经理狠狠地批评了一顿。思琪愤愤不平："我又不是助理，凭什么让我写稿子，根本不归我管这件事情。"后来，这句话被好事者传到经理耳朵里，经理当即把思琪辞退了。

人在职场，技多不压身，而如果做很多事情都不会，又总是说些负能量的话，影响自己和身边的人，那么就会成为负能量团，不管走到哪里都不会受人欢迎。明智的人会更加积极主动表现自己，遇到不懂不会的地方就会虚心好学，从而让自己有更好的表现。只有始终激励自己不断地进取，掌握更多的知识和技能，才能更上层楼。反之，一个人如果轻而易举就放弃了自己，觉得自己做任何事情都不行，则只能导致自己变得颓废沮丧，自暴自弃，最终一事无成。

在这个世界上，我们可以被很多人放弃，却唯独不能被自己放弃。当全世界都抛弃我们的时候，只要我们坚持认为自己能行，就一定能够突破困境，超越和成就自我，让自己大鹏展翅，直冲云霄。从现在开始，不管是在朋友圈里，还是在现实生活中，都马上改掉自己爱抱怨，爱自暴自弃的坏习惯，坚持努力向前吧。为了给自己积极的自我暗示，让自己变得充满信心，可以经常告诉镜子里的自己："我很棒，我能行！"也许一次两次不能起到积极的作用和效果，但是日久天长，心理上必然会有转变，整个人的状态也会变得更好起来。

# 失败真的是成功之母

爱迪生为了找到合适的材料作为灯丝使用，尝试了一千多种不同的材料，进行了七千多次实验，最终才能找到当时最适合用作灯丝的材料，获得了极大的成功。七千多次实验都以失败而告终，且不说爱迪生在此期间付出了多少辛苦和努力，仅对于失败的承受力就异于常人。据说有一次爱迪生做实验失败，这一次助理都感到很无助，说道：“这样下去，什么时候才能成功啊，又是失败！”爱迪生安慰助理：“至少这次失败之后，我们知道了哪种材料是不适合用作灯丝使用的，这就很好。”不得不说，爱迪生真的非常积极，也能够以强大的内心面对失败，所以才能在无数次失败之后获得成功，才能始终都踩着失败的阶梯努力向上，奋勇向前。

失败真的是成功之母，很少有人能够一蹴而就获得成功，也正是因为在此之前付出的辛苦和努力，才让成功显得那么难得可贵。古今中外，无数成功者都饱尝失败的打击，却始终都心怀希望，努力向前，最终如同凤凰涅槃，浴火重生。作为普通人，我们未必有过人的天赋，那么就要更加脚踏实地，不畏惧失败。一次失败，就两次；两次失败，就三次……只要坚持下去，我们就最终会获得成功。俗话说，笑到最后的人才笑得最好，在追求成功的道路上也是同样的道理。当我们怀着坚定必胜的信念，对于成功不离不弃，成功最终也会对我们表现出笑脸，给予我们最丰厚的回馈。

作为一个不安于现状的农民，刘鹏凭着木匠的手艺，决定开设家具厂。说干就干，他找到好朋友李伟合伙。就这样，他们俩合计之后当即就选址、招聘工人，很快就在村子里废弃的厂房中把家具厂开起来了。最初几年，家具厂生意很好，很多年轻人结婚都来选购家具。渐渐地，县城里的家具门店越来越多，他们的款式不够新颖，家具厂的位置也有些偏僻，生意就不如从前了。

这个时候，刘鹏和李伟忙得焦头烂额，看着堆积如山的家具卖不出去，急得四处找出路。又这样过去半年，就连工人工资都发不出，还欠了很多债，刘鹏决定关门大吉。李伟劝说刘鹏："干什么事都不可能一帆风顺，再坚持一下，想想办法吧！"刘鹏去意已决，不想改变主意，就这样，只剩下李伟一个人坚持。后来，李伟四处考察，借鉴新颖的家具款式，还从别处花费重金请来大师傅，又在县城里租下门店开展厅。为此，借了银行二十万贷款。刘鹏为李伟担心："这个钱借着不容易，还钱就更难。为什么不能慎重一些啊，还是当个农民，偶尔干点儿零活，挣点儿零花钱更踏实。"然而，在李伟的一系列举措之后，家具厂的生意越来越好，李伟把事业发展壮大，成为了真正的企业家。如今，每次想起曾经一起创业的经历，刘鹏都为自己轻而易举放弃而感到羞愧。

在这个事例中，如果刘鹏当初也能坚持，和李伟一起齐心协力把家具厂搞好，那么现在他就能和李伟一起获得成功，获得回报。遗憾的是，刘鹏在受到困难的打击之后轻而易举就放弃了，没有度过创业过程中的这个坎，才会导致自己的命运和李伟的命运在岔路口分道扬镳，变得截然不同。

“阳光总在风雨后，请相信有彩虹……”每当听到这首歌，心中都会产生莫名的感慨。没有人能随随便便取得成功，更没有人可以一蹴而就就到达人生的巅峰。任何时候，我们都要更加努力辛苦地进取，即使遇到坎坷挫折也依然坚持不放弃，这样才能全力以赴奔向远方，最终实现梦想和理想，让人生变得更加充实精彩，卓尔不凡。

任何事情，都既有成功的可能，也有失败的可能，既然要拼搏，要创业，就要做好万全的准备，再拼尽全力向着最好的结果去努力。否则，总是遇到小小的困难就畏缩和放弃，则只会导致彻底失去成功的希望，也始终与失败纠缠，根本无法摆脱失败的困扰。年轻人，只有输得起，才能赢得了，只有放得下，才能拿得起。保持积极的心态，以不变从容应付万变，人生才能始终昂扬!

## 虽然好事不怕迟，但还是要宁早勿迟

看到美国摩西奶奶七十六岁才开始作画，成为举世闻名大画家的经历，很多人都领悟出一个道理，即人生何时开始都不算晚。的确，如果不能尽早开始，在时机成熟的时候开始，哪怕晚一些，只要全力以赴，也会获得很好的结果和很多的收获。然而，从另一个角度来看，如果我们可以更早地开始，为何不早一些开始，也给予人生更多的希望呢？早一些开始，在遭遇失败的时候才能从头再来。早一些开始，在遭遇打击的时候，才有更多的时间去复原。早一些开始，也可以在贯彻和执行计划的过程中适时调整计划，让结果朝着我们理想的方向发展。总而言之，凡事宁早勿迟，只有早一些开始，才能把握更多机会，拥有更多成功的可能性。

早在民国时期，上海的大才女张爱玲就曾经说过，出名要趁早。大名鼎鼎的画家梵高在活着的时候生活困窘，他的画作并不为人所认可，他不得不靠着接受兄弟的接济而生活，购买绘画的用品。直到他去世之后很多年，他的画作才得到认可和欣赏，为此一幅画卖到天价。这让人忍不住为梵高感慨和唏嘘，如果能够早一些出名，他的成就就会更大，说不定还可以摆脱自杀的厄运，成为事业有成的画家，拥有美满充实的人生。然而造化弄人，梵高偏偏等到去世之后才出名。张爱玲出名很早，然而却遇人不淑，遇到了大汉奸胡兰成，生生地毁掉了自己的一生，使得自己失意落魄，最终孤独地客死他乡。

一个真正珍惜时间的人，不管做什么事情都宁早勿迟。

因为他们知道，很多时候，成功的机会就掩藏在一闪即逝的好时机之中，是不能有疏忽和错过的。即便只是一件小事情，也要尽量做在前面。例如你看中了一件沙发，很早就想购买，而且趁着双十一打折的时候又去看过，结果发现沙发正在促销，比平时便宜了两千多。你很犹豫买还是不买，买了，现在就要掏钱，万一到了年底迎接双旦更便宜了呢？不买，又怕错过。但是想想囊中羞涩，你不想把自己仅有的钱现在就掏出去，为此你选择先观望，且对导购所说的过几天就涨价置若罔闻。结果等到双旦再去看，果然，沙发涨价了，或者说优惠力度没有之前大了，为此你要多花一千多，才能把同样的沙发买回家。你心理很不平衡，却不能等到来年双十一。最终你犹豫再三，舍弃了这套喜欢了好几个月的沙发，选择购买了另外一套活动力度更大的款式，但是心里总是有些落寞，觉得不那么满意。你很后悔，如果能够早些买下这套沙发，也不至于花费了很多钱，却最终买了一套自己不那么喜欢的沙发，这简直让人郁闷。

现实生活中，有太多人因为没有及早做一件事情，导致自己陷入被动。古人云，树欲静而风不止，子欲养而亲不待。这就告诉我们孝敬父母不能迟，必须尽早，才能尽孝。其实，不仅生命是不可控的，很多事情都处于随时的发展和变化之中，也是不可控的。只有早做，才能让未来有更多的时间去把控事情的发展趋势，也才能最大限度保证事情进展顺利。

现代社会，很多年轻人都忙于工作，为了赚更多的钱，为了事业，总是把所有的时间和精力都投注于事业上。为此，他们选择把孩子送回老家交给父母带养，而忽略了对于孩子的陪伴。孩子的成长过程是不可逆的，父母与孩子的关系疏远淡漠，导致孩子的心理问题频繁发生，留守儿童也已经成为社会现象急需解决。人生中，任何人都很难做到面面俱到，当面对人生的选择题，我们必须做到有所权衡，有所取舍，才能做出最佳的选择。每个人的时间和精力都是有限的，人是有血有肉的人，而不是机器，更不是神仙，为此只能集中时间和精力去做自认为最重要的事情，而不要把很多事情一再地拖延，更不要本末倒置，对于人生有错误的理解和选择。有些事情可以晚做或者不做，但是有些事情一旦延迟，就会成为毕生的遗憾。人生虽然没有太晚的开始，我们还是要早一些，更早一些，才能减少人生的遗憾，让人生无怨无悔，从容度过。

## 不想将就的你注定要付出加倍的努力

对于人生，每个人都有不同的要求和标准。有的人对于人生标准很低，觉得凡事都可以将就和凑合，为此就不会有较真的态度，更不会奢求在人生之中面面俱到，做到最好。也有的人对于人生的标准很高，他们凡事都不愿意将就和凑合，总是想把事情做到最好，这样一来，他们难免会感到很焦虑，也因此而过度追求完美。强迫症有时候是因为过度追求完美引起的，当然，大多数追求完美的人并没有上升到强迫症的程度，而是会因此督促自己更加努力进取，付出更多的辛苦，这样才能凡事都不凑合，做到最好。这正是为何有的人活得精彩而又出色，也因此忙忙碌碌，从来不让人生片刻闲过，而有的人却活得很平庸且无为，每天都有很多的时间可以浪费和虚度的原因。你想当前者还想当后者，当你做出不同的选择，你的人生也会随之呈现出不同的状态。当然你在深思熟虑做出选择后，要对自己的选择负责，要坚定不移走好自己选择的人生之路。

关于是否愿意将就，其实在感情上的表现更明显，而且结果也相差迥异。曾经有人说两情相悦是缘分是福气，而如果不能两情相悦，那么就要选择爱我们的人，而不要选择我们所爱的人。因为前者可以更好地照顾我们，呵护我们，而后者却需要我们坚持去付出很多，未免常常感到心力交瘁。然而，当选择一个不爱的人在一起度过漫长的人生，风平浪静的时候尚且还好，一旦遭遇感情的危机或者各种糟糕的事情，就会导致与对方非常疏远，关系冷漠，自然无法齐心协力共渡难关。所以说，即使在如今婚姻自由的情况下，选择和怎样的人结婚依然关系到我们大半生的幸福，是需要认真慎重对待的，而不要轻而易举就把自己限制和禁锢，更不要觉得伴侣如同衣服一样可以随意地穿脱。当然，缘分这件事情并没有具体化的标准可以衡量，很多人眼巴巴地盼着缘分到来，结果却发现被缘分遗忘了。也有的人无心插柳柳成荫，反而遇到了自己所爱的人，也可以获得美满的感情。

不仅对于感情，对于工作同样如此。有的人对待工作非常认真，总是不愿意将就，对于大小事情都拼尽全力做到最好，不但让上司满意，也让自己满意。而有的人呢？明明能力更强，可以把工作完成得更好，却因为上司对于工作的要求没有那么高，他们就吝啬力气，降低要求和标准，对待工作敷衍了事。看起来，这是在欺骗上司，在工作中偷奸耍滑，实际上却是在欺骗自己。日久天长，能力必须下降，要想得到晋升和提拔，或者有朝一日想要换一份更好的工作，才发现自己已经不能适应残酷的职场，而且在此前工作的过程中也没有可以拿的出手的成就。此时此刻，尴尬的是谁？当然不是你的前任领导，而是你自己。明智的朋友在工作时，不管拿到的薪水是高还是低，他们都不会因此而改变自己对于工作的认真态度和做法。他们会更加辛苦和努力，竭尽全力把工作做到尽善尽美，也借此机会增加自己的工作经验，提升工作的能力和水平。

一个不愿意将就的人，绝不仅仅把不愿意将就挂在嘴边，而是会切实地去把每一件事情都做到最好。每年到了毕业季，看似一起度过大学四年、坐在同一个教室里学习的同学们拥有着相差无几的知识水平和技巧能力，实际上，他们却相差迥异。这是为什么呢？是因为有的人对于学习一丝不苟，而有的人对于学习则三心二意、敷衍了事。前者对于学习过程中遇到的每一个难题都很用心对待，而后者对于学习中的很多疏漏都不以为然，则他们所掌握的知识和学习的程度是截然不同的。

作为大学生，不要再抱怨为何如此不公平，很多同学都轻轻松松找到心仪的工作，而自己还没有就业就要陷入失业状态，而是要想一想自己在读书期间每天看电影、玩游戏、去约会的时候，那些同学在做什么呢？如果你在荒废时间，其他人正在争分夺秒地学习，如果你在享受，其他人正在全力以赴地付出，那么对不起，你没有任何资格要求命运必须同样对待你。你把时间花在哪里，哪里就会开花结果，你把时光完全荒废掉了，还奢望时间给予你最丰厚的回报吗？这样的好事情从未有过，未来也不会有。趁着现在还年轻，也意识到了问题的存在，马上当机立断展开行动去努力吧！否则随着时间的流逝，你已经不再身强体壮，也进入了心有余而力不足的老年状态，则努力就会比以前更加艰难。

不愿意将就的人不会向生活所求无度，因为他们知道一切的收获都要靠着自己努力付出才能得到，为此他们拼尽全力，不遗余力，也总是逼着自己坚持，绝不放弃。很多时候，暂时的努力未必会有结果，一定要持续努力，才能在付出之后看到希望的光芒，才能在努力之后获得丰厚的回报。如果你还没有得到回报，那只能说明你努力的程度还不够，你坚持的时间还不够长。

不愿意将就的你，可否做好了长期付出和坚持的准备呢？否则，你就只能被生活将就，哪怕有再多的不满也无力去对抗。不要等着生活无以为继的时候再想办法，而是要未雨绸缪，才能把功夫下在前面，才能为自己的人生奠定坚实的基础！

# 参考文献

[1] 熊小年.时间花在哪里，成就就在哪里[M].北京：中国商业出版社，2015.

[2] 谷润良.对得起时间，对得起自己[M].北京：民主与建设出版社，2018.

[3] 周结林.下个10000小时，你打算怎样过？[M].北京：化学工业出版社，2016.

[4] 艾力.你一年的8760小时[M].南京：江苏凤凰文艺出版社，2016.